대한 선비의 표상
최익현

대한 선비의 표상 최익현

| 박민영 지음 |

글을 시작하며

독립기념관에 들어온 지 10년을 맞이하는 해다. 기념할 만한 의미가 있기에 어려운 여건을 무릅쓰고 처음으로 가족과 함께 남도여행을 했다. 처자의 의견을 무시한 채 신안 지도읍 두륜산을 여정旅程에 굳이 넣었다. 1990년 여름 고생 끝에 단신으로 두륜산에 올라 감격스레 보았던 화서 이항로 문파의 유적인 오현단五賢壇과 암벽 각자를 꼭 다시 보고 싶었기 때문이다. 세월의 흐름에도 변화를 거부하고 도학적 관점에서 오직 의리와 명분만을 절대가치로 추구했던 화서 이항로 문파의 영향이 여기까지 미쳤던 증좌가 오현단이다. 두륜산 정상 암벽에 '대명일월大明日月 소화강산小華江山'을 새겼던 면암 최익현은 화서문파의 한가운데 자리했던 핵심인물이다.

사실 면암은 우리에게 너무나도 널리 알려진 역사의 인물이다. 흥선대원군의 서슬 푸른 10년 세도를 일침견혈一針見血의 상소로 탄핵한 기개, '내 목은 벨 수 있을지언정 머리털은 자를 수 없다'고 단발령을 질타한 매서운 어록, 대마도에 끌려가 순국한 고고한 충혼 등이 면암을 상징해주는 역사의 한 장면들이다. 면암은 곧 개화와 외압으로 점철된 내우외환의 암울한 시대상황에서도 드높은 기상으로 강직하게 처신했던 선비형의 위인이었다. 이로써 불의와 외압에 조금도 굴하지 않고 당당하게 맞선 면암의 형상이 고난과 역경에 처했던 우리 민족에게 희망과 용기를 북돋우는 데 크게 기여할 수 있었다. 신분과 이념, 계통을 떠나 전 민족에게 공동으로 면암의 이미지가 깊이 각인되는 이유와 조건이 여기에 있다.

변화와 속도는 오늘날 IT산업, 정보화사회에서 키워드라 할 만큼 중요한 단어다. 모든 사회적 현상과 규범이 마치 경쟁하듯이 변화를 가속화하고 있다. 지금 사방에서 들려오는 '변해야 산다'라는 구호는 이 시대를 살아가는 각박한 우리들 자화상의 한 단면을 그대로 보여준다. 이런 시대를 사는 우리는 면암을 어떻게 보아야 하는가? 면암이 오늘날 우리에게 줄 수 있는 교훈과 역할은 과연 무엇일까?

오늘날 현대사회가 추구하는 변화와 속도는 우리에게 일상의 편리와 효율은 담보할 수 있겠지만, 인간이 추구하는 궁극적 가치인 행복을 담보하는 것은 결코 아니다. 더욱이 민족 구성원이 균등하게 잘 살 수 있는 세상을 굳이 지향하는 것도 아니다. 빠른 변화에 임기응변하지 못하는 개인과 집단은 상대적으로 더 큰 불이익과 일방적 희생을 강요당하는 것이 엄연한 현실이다. 오늘날의 정보화사회가 상대적으로 공허한 이유가 여기에 있다.

주지하다시피 면암은 변화와 속도를 추구한 것이 아니라 오히려 변화를 거부하려고 노력했던 인물이다. 이런 면암에게 풍기는 고루한 이미지는 어쩌면 지극히 당연한 귀결이라 할 수 있다. 하지만 면암은 자기가 믿었던 유교사회의 절대가치를 구현하고 지키기 위해 그에게 주어진 안락한 삶을 포기한 채 일생 투쟁하였다. 그의 투쟁 대상은 당연히 타락한 집권세력과 무도한 일제였다. 곧 그는 자신이 공부하고 체인體認한 도학의 관점에서 가장 죄악시하던 불의와 부정이 만연한 세상을 바로잡기 위해 살신성인하였다. 그의 의로운 일생은 자신의 사적인 이익은 아랑곳없이 나라와 겨레, 나아가 인류 공공의 이익을 최고로 우선한 이타적 삶으로 일관되었다. 그의 삶은 그러기에 지순고결했고, 그가 추구한 이상과 포부는 오늘은 물론이려니와 인류가 그 속성을 영속永續하는 그날까지 유효할 것이다. 면암과 같은 역사의 위인이 청사에 오래도록 빛을 발하는 까닭이 여기에 있다. 나아가 내가 근대 여러 인물 가운데 굳이 면암을 선택한 동기이기도 하다.

　면암 공부와 관련하여 특기할 것은 1989년 늦은 봄 모 신문사의 후원으로 은사이신 윤병석尹炳奭 선생님을 모시고 호서·호남 일대의 면암 사적지를 탐방했던 일로, 그 아련한 추억이 오늘 더욱 새롭다. 이 전기는 당시 여정 중에 제시된 면암 연구의 과제를 이제야 마무리하는 결과이기도 하다. 은사님은 옛적 내가 공부의 길로 들어선 이래 서투른 나의 공부를 성심으로 오래도록 계도해 주셨으니, 돌아보건대 헤아릴 수 없이 크나큰 스승의 은혜에 마냥 억색臆塞해지는 심경 가눌 길 없다. 앞으로도 한결같이 저의 학업을 지켜보시고 또 더욱 책려해주시기를 천만 축수祝壽 드린다.

　면암의 전기를 집필하기 시작한 것은 선부先父의 환우患憂가 조석을 다투기 시작하던 금년 1월부터였다. 4월 끝자락에 이를 때까지 집필이 계속되는 동안 선부는 굳건히도 병상을 지켜주셨다. 무의식의 병상에서도 무언으로, 내 어려서부터 그러했듯이, 나의 공부를 열렬히 성원해주셨다고 굳게 믿는다. 지금은 아주 먼 세상에 계신 선부께 이 작은 책자를 올려야만 하는 소이이다. 비록 크지 않더라도 내가 그동안 이룩한 학업의 선후 모두는 선부께서 내게 쏟아주신 지극한 정성의 소산이다.

 천생이 비상한 나에게 천학비재라는 말은 겸사謙辭의 상투어가 아니다. 노둔한 필력으로 말미암아 면암의 고고한 삶의 역정歷程을 제대로 구명하지 못한 것은 아닌지, 더욱이 이로 인해 오해나 편견을 초래하지나 않을지 간행에 즈음하여 걱정이 앞선다. 그럼에도 불구하고, 면암이 온몸으로 보여준 역사의 교훈과 그가 오늘날 우리에게 시사하는 삶의 참된 가치를 새롭게 밝혀보고자 적지 않은 성력誠力을 기울였다는 점에 스스로 위안을 삼는다. 이런 점에서 모쪼록 이 작은 책자가 대한 선비의 사표라 할 면암의 일생을 조망하고 그 현재적 의미를 살피는 데 길잡이가 되기를 바라마지 않는다.

2012년 12월
서울 오금동 서실에서
박 민 영

차례

글을 시작하며 _ 4

1 출생과 수학
호랑이 머리에 제비 턱 _ 10
화서 이항로의 문하 _ 12

2 대원군 탄핵의 선봉
관인의 길 – 봉명조양鳳鳴朝陽 _ 20
대원군 탄핵의 선봉 _ 36
제주도 위리안치 _ 56

3 개항 반대 국론의 선도
도끼를 메고 개항 반대 _ 65
흑산도 위리안치 _ 74

4 개화와 외압의 와중
고향 포천 퇴거 _ 83
화서학파의 심설논쟁 _ 87
변복령과 단발령 반대투쟁 _ 95
수의守義 – 반일투쟁의 길 _ 110

5 대한 선비의 기개
　　호서 정산 이거 _ 122
　　상경 상소투쟁 _ 128
　　일제 헌병대 구금 _ 135
　　을사오적 처단 상소 _ 145

6 호남의병의 선구
　　의진 결성 _ 150
　　의병 활동 _ 167
　　의진 해산 _ 176

7 대마도에 떨친 대한 의혼義魂
　　대마도 피수 _ 185
　　일제의 유폐의병 감시 _ 193
　　단식투쟁 _ 200
　　의로운 순국 _ 203

8 역사에 남긴 면암의 유훈 _ 214

　　최익현의 삶과 자취 _ 221
　　참고문헌 _ 225
　　찾아보기 _ 229

01 출생과 수학

호랑이 머리에 제비 턱

우리 역사상 면암勉菴 최익현崔益鉉은 가장 널리 알려진 인물 가운데 한 사람이다. 조선조 선비의 표상과도 같던 올곧은 기개와 강직한 성품이 면암에게 연상되는 이미지이다. 역사에 투영된 면암의 이런 이미지는 개화와 외압의 거센 물결에 휩쓸려 고난의 역사에 봉착했던 조선 말, 대한제국 시기에 춘추대의적 의리와 명분에 따른 도학적 신념으로 국론의 대변자임을 자임하며 일생 투쟁의 외길을 걸었던 인생 역정의 소산이었다. 무능하고 부패한 조정과 집권세력에 대해 철저한 자기개혁을 끊임없이 요구했고, 무도한 일제의 국권침탈에 끝까지 항거한 우국의 지사였다. 그러므로 그가 지녔던 가치관의 성향이나 투쟁 방략의 정당성 여부를 떠나서 면암은 인민들로부터 당대에 최고로 존경받는 인물로 칭송되었던 것이다.

면암은 순조 33년(1833) 12월 5일 포천현 내북면 가채리嘉菜里(현 포천

면암이 태어난 포천 가채리 생가터

시 신북면 가채리)에서 태어났다. 본관은 경주로, 자를 찬겸贊謙이라 하였으며 면암勉菴은 훗날 그의 스승 화서華西 이항로李恒老가 내려준 아호이다. 아버지 대垈는 가난한 시골 선비였으며, 어머니는 경주 이씨였다.

면암은 비범한 골상骨相을 타고났고, 안광은 별처럼 초롱초롱 빛났다. 어려서 그의 골상을 본 관상가가 "호랑이 머리에 제비 턱虎頭燕頷을 지녔으니 한없이 귀하게 될 상"이라고 극찬하며 전도유망한 그의 장래를 예견했다고 전한다. 이에 부모는 총명한 그를 매우 사랑하여 특출나게 뛰어난 아이라는 뜻에서 아명兒名을 기남奇男이라 불렀다.

어린 시절, 면암의 집안 살림은 넉넉지 못했다. 특히 그가 태어나던 무렵, 연거푸 이태에 걸쳐 큰 흉년이 들었는데, 이로부터 그의 가세는 급격하게 기울었다고 한다. 겨우 4살 때(1836)에 아버지를 따라서 온 가족이 단양으로 이사하지 않을 수 없었던 이유도 가난으로 인해 호구지책을 마련코자 한 때문이었다. 면암의 일가는 아버지를 따라 포천에서 한강 기슭의 평구平丘로 내려온 뒤 이곳에서 배를 타고 한강을 거슬러 올라가 충주 목계木溪에 이르렀고, 그곳에서 다시 80리를 더 들어가 단양 금수산에 정착하여 농사를 지으며 생계를 마련하였던 것이다. 이러한 여정으로 미루어 면암 일가가 이 무렵에 처했던 가난의 고통을 짐작할 수 있을 듯하다. 평구는 현 경기도 남양주시의 양정동·삼패동 일대를 일컫던 지명이며, 마을 앞에는 한강이 흘렀다.

면암은 여섯 살 때 처음으로 글을 배웠다. 매우 총명했던 그는 자음字音과 구두를 한번 들으면 반드시 기억했다고 한다. 그 뒤 9세 되던 해에는 외지에서 스승을 구하여 가형인 승현升鉉과 함께 김기현金琦鉉의 문하에서 수학하였다. 김기현은 크게 드러난 인물은 아니지만 그 일대에서는 문명文名을 갖고 있던 학자 정도로 짐작된다. 면암이 시골 스승으로부터 배운 학문의 내용은 알 수 없지만, 일반적으로 당시 학동들이 수학하던 사서 등 유학의 기초 경서 공부였을 것으로 짐작된다. 면암의 부친은 두 아들의 교육을 위해 김기현을 집으로 모셔와 함께 기거했을 정도로 자녀 교육에 열성을 기울였다. 하지만, 면암이 처음으로 섬긴 스승 김기현은 2년 뒤 병사하고 말았다.

화서 이항로의 문하

면암은 11세 되던 1843년 화서 이항로의 문하에 나아가 인생의 전기를 마련하게 되었다. 그 해 면암의 일가는 단양 금수산 기슭을 떠나 양근현 후곡厚谷(현 양평군 서종면 서후리 후곡)으로 이사했다. 그곳은 화서가 강학하던 벽계蘗溪 마을과는 불과 20~30리 떨어진 근거리에 있었기 때문에 화서와의 만남이 이루어질 수 있었다. 면암의 부친은 두 아들을 가르치던 김기현이 병사한 이듬해인 1843년에 새로운 삶의 근거지를 찾아서 청풍淸風에서 배를 타고 남한강을 따라 내려와 후곡에 정착했던 것이다.

이 무렵 면암의 집안은 극심한 가난으로 심한 고통을 받았다. 단양에서는 집 한 채를 반으로 갈라 벽을 바르고 김기현 가솔과 함께 두 세대가 살았다고 하며, 후곡으로 이사해서는 남의 집을 빌려 살았다고 하는 기록으로 보아 간난했던 당시 분위기가 짐작된다.

어려운 살림살이에도 불구하고, 면암의 아버지는 아이들 교육에 늘 뜻을 두고 여기에 전심을 쏟았다. 면암이 화서의 문하에 나아갈 수 있었던 것도 그의 아버지가 교육에 쏟았던 열정의 소산이었다. 이 무렵 벽계에서 강학을 하고 있던 화서는 가장 열정적으로 학문을 궁구하면서 원근에 명성을 날리던 큰 학자였다. 화서의 뛰어난 학문적 역량과 그의 문하에서 배출된 걸출한 제자들로 말미암아 뒷날 화서학파는 전국적 문파로 성장하게 된다.

면암의 평생 스승인 화서는 1792년 경기도 양근현 벽계(현 양평군 서종면 노문리 벽계)에서 태어났다. 자는 이술而述, 본관은 벽진碧珍이었다. 굴지의 일문을 이룬 당대의 대학자 화서는 특별한 사승師承 없이 독학으로 평지에서 솟아난 학자로 알려져 있다. 다만, 성장기의 화서에게 학문적으로 큰 영향을 준 인물은 죽촌竹村 이우신李友信이었다. 화서는 21세

면암의 스승 화서 이항로

때 지평砥平에 있던 죽촌을 찾아가 배움을 청하였다. 죽촌은 우암尤菴 송시열宋時烈과 같은 연원을 가졌던 학자였으므로, 그는 화서에게 우암의 춘추대의적春秋大義的 존화양이론尊華攘夷論을 전수하였을 것으로 짐작된다. 화서가 우암을 절대적으로 존숭한 계기는 곧 죽촌과의 교유였으며, 이런 점에서 화서는 기호학파에 소속된 노론 계열의 학자라 할 수 있다. 그 결과 화서는 기호학파의 원조에 해당되는 율곡栗谷 이이李珥보다도 주자학에 대한 교조성敎條性, 이단에 대한 당파성黨派性에서 기호학파 가운데서도 그 정도가 가장 격심했던 우암 송시열을 주자와 함께 최고로 존숭하게 되었다. 그러므로 화서의 학문은 의리와 명분에 입각한 존화양이론이 최고의 가치규범이 되었다.

화서는 30세 전후에 학문이 완숙의 경지에 이르렀다. 이 무렵 화서의 문하에는 사방으로부터 쟁쟁한 재사들이 운집하였다. 화서학파는 화서가 정열적으로 학문에 매진하던 1820~30년대에, 곧 그의 나이 30~40대에 큰 틀을 갖추게 되었으며, 그의 학문이 완숙의 경지에 이르는 1840년대에는 전국적인 문파로 성장하였던 것으로 보인다. 뒷날 화서학파의 중심으로 부상하게 되는 인물들 대다수의 입문 시기가 바로

화서가 내려준 휘호 '낙경민직'

이 무렵이었다는 사실도 그러한 경향을 짐작케 한다. 구체적으로 화서의 일문은 1840년대에 이르러 기호지방을 중심으로 임규직·이인구·김평묵·유중교·박문일·최익현 등을 비롯한 유위한 재사들이 운집하

화서가 내려준 아호 '면암'

게 됨으로써 전국적인 문파로 성장할 수 있었다. 그리고 이와 같은 문파의 세력을 바탕으로 1860년대 이후 제국주의 세력이 조선을 침략하는 시대상황에서 화서의 독특한 학문 내용인 공자·주자와 우암을 중심으로 한 춘추대의적 존화양이사상을 구현하려는 위정척사운동을 폭넓게 펼칠 수 있었던 것이다.

면암은 화서가 이처럼 대학자로 명성을 떨치면서 큰 문파로 성장해 가던 시기에 그의 문하에 들어갔다. 화서는 면암을 처음 보고 범상한 인물이 아님을 알았다. 화서는 면암을 성심으로 가르쳤고, 특별히 '낙경민직洛敬閩直' 네 글자를 크게 써 주면서 권면하였다. 낙경민직은 낙양洛陽의 정자程子가 주장한 거경궁리居敬窮理와 민중閩中의 주자朱子가 주장한 경이직내敬以直內를 가리키는 것으로, 곧 정자가 강조한 경敬과 주자가 중시한 직直을 가장 소중한 가치로 여기라는 훈계를 준 것이다. 경과 직 두 글자는 면암 학문의 출발점이 되었다. 그해 겨울 화서는 면암이 일시 귀가할 때 다음과 같은 경계문을 주면서 학문에 더욱 정진할 것을 독려하였다.

최기남崔奇男이 날마다 책을 외어 한 글자도 착오가 없었고, 또 손수 써서 높이 걸어 두고 완염琬琰처럼 보배롭게 여기고 고량진미처럼 즐기니, 이미 대의를 깨닫지 아니 하였다면 어찌 이와 같을 수 있겠는가. 도암陶菴 이재李縡 선생이 외고 초록하여 후생을 권면하던 고심이 땅에 떨어지지 않았다고 할 만하다. 기남이 암송한 것은 격몽요결擊蒙要訣·대학·논어까지, 그리고 고금 사람의 문자가 몇천 마디 말이었는데도 숙달함이 이와 같으니, 세월이 쌓이게 되면 기남의 머릿속은 장차 하나의 장서각藏書閣이 될 것이다. 그의 나이를 물으니, 주자가 아버이 명을 받아 유초당劉草堂·유병산劉屛山·호적계胡籍溪 세 선생에게 종학從學하던 나이였으며, 그의 뜻을 살펴보니 매궤환주買櫝還珠가 부끄러운 일이고, 완물상지玩物喪志가 경계할 일임을 알았으니 경외敬畏할 따름인데, 어찌 귤송橘頌을 읊을 만한 정도뿐이겠는가. 만일 기송記誦을 능사로 삼고 만다면 총명의 누만 될 뿐이니 또한 무슨 숭상할 것이 있겠는가. 기남이 어찌 이런 일을 할 사람이겠는가.

여기서 매궤환주買櫝還珠는 안에 담긴 옥구슬의 가치는 알지 못하고 밖의 궤짝에만 현혹되는 어리석음을 의미하고, 완물상지玩物喪志는 실천 궁행을 외면한 채 오로지 암송에만 힘씀으로써 본심을 상실하는 것을 말한다. 곧 화서는 이 경계문에서 면암의 뛰어난 총기와 근면을 칭송하였을 뿐만 아니라 어린 나이에 참된 학문의 이치를 깨달았음을 칭찬하는 동시에 실천적 위기지학爲己之學에 더욱 힘쓰기를 독려하였던 것이다. 면암이 일생 동안 올곧은 선비의 길을 걸을 수 있었던 바탕은 어린 시절 스승의 이와 같은 훈계와 가르침이었다. 화서는 뒷날 다시 면암에게 학문을 궁구하는 목적과 자세에 대해 '마음을 보존하고 이치를 밝힌다'라는 뜻의 '존심명리存心明理' 네 자를 내려주었다. 이로 미루어 화서가 면암에게 얼마나 큰 기대를 걸었는지 짐작할 수 있다.

위에서도 보았듯이, 면암이 공부하던 시절, 화서의 문하에는 쟁쟁한 인물들이 운집해 있었다. 화서의 두 아들인 괴원槐園 이준李埈과 황계黃溪 이복李墣, 그리고 금천錦川 임규직任圭直, 완이莞爾 이인구李寅龜, 중암重菴 김평묵金平默, 홍암弘菴 박경수朴慶壽, 성재省齋 유중교柳重敎 등이 이 무렵 화서의 문하에서 공부한 대표적인 학자들이었다. 그들 사이에서 단련한 면암의 학문은 일취월장 성장하였다.

화서 문하의 기라성같은 인물들 가운데 임송은 면암이 단연 발군이었다. 화서의 큰아들 이준이 가례家禮의 복잡한 여러 도식圖式의 주해註解로서 면암의 총기를 시험하였는데, 그는 한 번 보고 한 자도 틀리지 않고 모두 외웠다고 한다. 뒷날 화서의 적전嫡傳을 계승하게 되는 중암 김평묵도 이 무렵 면암에게 편지를 보내 도학 공부에 더욱 매진할 것을 독려하였다.

하늘의 이치天理는 사라지기 쉽고 사람의 욕심人欲은 자라나기 쉬우니, 한결같이 도를 구해도 인욕이 이길까 염려되는데 어느 겨를에 이단을 공부하겠는가.

중암 역시 동문 후배인 면암의 장래를 크게 기대하였음을 알 수 있다. 그리하여 면암에게 도학자로서 일관된 길을 걸어 대성하기를 이처럼 독려하였던 것이다. 중암은 또한 평소에 포천 출신의 고금 인물을 열거할 때에는 반드시 오성鰲城 이항복李恒福, 한음漢陰 이덕형李德馨과 함께 면암을 일컬었을 정도로 그의 역량을 높이 평가하였다.

면암은 18세 되던 해(1850)에 화서를 모시고 설악산을 유람하였다. 당시 정경을 그는 다음과 같은 시로 읊었다.

들으니 동도의 승경은	聞說東都勝
설악이 가장 명산이라	名山最雪岡
멀리 선생을 모시고	遠侍春風席
산골 깊숙이 찾아왔도다	深來絶峽疆

스승을 모시고 천하 명승을 탐방하던 그윽한 정경이 마치 눈앞에 그려지는 듯하다. 나아가 그가 스승 화서에게 절대 경복하던 심도深度를 짐작케 한다.

1852년 봄, 면암은 후곡에서 나와 용진강龍津江, 곧 북한강 기슭에 잠시 거처를 정하였다. 그해 4월 성인식인 관례冠禮를 행하였고, 10월에는 혼인을 하여 청주 한씨를 아내로 맞았다.

　이듬해에는 화서 문하를 출입한 이래 면암이 부형처럼 따르고 섬기던 화서의 장자 이준이 42세의 나이로 죽었다. 면암은 그의 죽음을 무척 애통해 하였고, 뒷날 그의 행장을 지었다. 그리고 10월에는 다시 후곡으로 돌아와 이듬해 봄에 포천 고향으로 들어가 정착할 때까지 그곳에서 지냈다.

　1854년 봄, 22세 되던 해에 면암은 포천 가채리 고향으로 돌아왔다. 네 살 나던 해에 고향을 떠난 뒤 실로 19년만에 환향한 것이다.

　그해에 면암은 성균관에 들어가 경서를 공부하면서 본격적으로 과거 시험을 준비하였다. 앞서 수년 전부터 화서 문하에서 과거 공부를 병행해 왔지만, 그동안 전심한 것은 도학 공부였다. 이때에 와서야 그는 비로소 과거공부에 열중하게 되었던 것이다. 이 무렵에도 면암은 몸소 밭을 갈며 부모를 봉양했다는 기록이 있을 정도로 가난을 면치 못했다.

02 대원군 탄핵의 선봉

관인의 길 – 봉명조양鳳鳴朝陽

1855년, 23세 때 면암은 과거에 당당히 합격하였다. 그해 2월 주로 성균관 유생들이 봄에 보는 과거인 춘도기春到記에서 명경과明經科에 응시하여 발탁된 것이다. 그는 과거 합격한 그해 5월 홍천 삼포三浦로 내려가 그곳에 머물고 있던 화서를 뵙고 문안을 드렸다. 화서는 다음과 같은 말로서 이제 관인의 길을 걷게 된 면암을 경계하고 독려하였다.

그대의 벼슬길은 곧 부모에게 효도하던 마음으로 임금에게 충성할 때이다. 이로부터 재상이 되는 것도 또한 늘상 있는 일이니, 모름지기 더욱 경전을 읽어 뒷날 실용의 기초가 되도록 하라.

곧 화서는 충성을 독려하는 한편, 세상에 널리 쓰일 수 있도록 학문에 더욱 힘쓸 것을 권면하였던 것이다.

면암은 과거에 합격한 그해 6월에 권지승문원부정자權知承文院副正字에 임명되어 처음으로 관직에 나갔다. '권지' 직함은 과거 합격자에게 주어지는 일종의 견습 직책을 의미하는 것으로, 처음으로 벼슬길에 나간 면암에게 승문원의 관직이 주어졌다. 그리고 이듬해인 1856년에는 성균관전적成均館典籍에 임명되었고, 승정원承政院에 들어가 주서注書로서 임금의 말과 행동을 낱낱이 기록하는 기주記注의 일을 대신 행하기도 하였다.

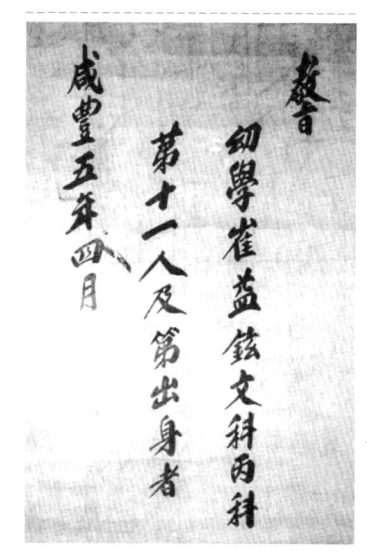

면암의 과거합격 교지(1855)

면암은 관직에 나간 직후부터 강직한 언행으로 명성을 날렸다. 그 가운데 한 가지 일화를 소개하면, 선조의 후궁 인빈김씨의 무덤인 순강원順康園의 수봉관守奉官으로 재직할 때의 일이다. 어느 권세가가 불법으로 원소園所의 지경을 침범해서 장사를 지냈다. 면암은 즉시 이장할 것을 독촉하였다. 그러자 그 사람은 사건을 무마해달라는 예조판서의 서신을 가져와서 오히려 면암을 협박하였다. 이에 면암은 그 판서를 찾아가서 대의大義를 들어 그 불법성을 나무랐다. 그 판서는 매우 불쾌했지만 면암을 벌할 수는 없었다. 이에 면암은 원소에 장사지낸 사람을 투옥시켜 버렸다. 사태가 이렇게 되자, 상주는 즉시 묘를 파내갔다.

1859년 27세 되던 해에 면암은 나라의 기강과 언론을 맡은 요직인

사헌부지평·사간원정언에 임명되어 장래가 촉망되는 관원으로서 출세가도를 달렸다. 그리고 그해 9월에는 맏아들 영조永祚가 태어났다. 영조는 뒷날 아버지 면암의 뒤를 좇아 항일투쟁의 전선에 동참하여 만단의 노력을 기울이게 된다.

면암은 과거에 합격한 지 5년 후인 1860년에 고향 포천을 떠나 서울의 남촌南村으로 집을 옮겼다. 이로부터 그는 가정이 더욱 안정되어 주어진 관직에 더욱 충실할 수 있게 되었다. 그해 6월에는 이조의 실무를 관장하는 중직인 이조정랑에 올랐다.

이처럼 면암은 과거에 합격하여 관원이 된 이래 주어진 직분에 매진하면서 가솔을 서울로 데려와 비교적 안정된 생활을 꾸려나갔다. 이 무렵 수년간이 면암의 일생 가운데 가장 순탄하고 또 가정적으로도 단란한 시기였다고 할 수 있다.

중앙 관직에 있던 면암은 1862년 10월 30세의 나이로 충청도 신창현감新昌縣監에 임명되어 외직으로 나가게 되었다. 신창은 작은 고을이었다. 하지만 면암은 최선을 다해 선정을 베풀었다. 그 결과 부임한 지 1년도 안 되어 주민들이 그의 청렴·공평한 선정을 칭송해 마지않았다.

그러나 이듬해 7월 면암은 신창현감을 사직하고 야인으로 돌아갔다. 고을 사람들을 보호하려다 충청감사의 미움을 샀기 때문이었다. 당시 충청감사로 있던 유장환俞章煥이 사채를 독촉해 거두어들이던 중 신창 관아로 공문을 보내 주민들을 잡아들이게 하였던 것이다. 하지만 면암은 그 요구에 응하지 않고 주민들을 옹호해주었다. 이에 앙심을 품은 충청감사는 면암의 근무성적을 중中으로 혹평하여 보고하였던 것이다.

면암은 그날로 현감직을 버리고 행장을 꾸려 길을 나섰다. 그 소식을 들은 신창 주민들은 면암이 떠나는 길을 막아서며 현감직을 계속 맡아줄 것을 호소하였다고 한다. 면암이 신창현감을 사직했다는 소식을 듣고, 화서는 다음과 같이 편지를 보내와 그의 용단과 강직을 칭송해 마지 않았다.

관직을 내놓은 전후의 사정을 듣고 비록 죽을 날만 기다리는 나이지만 기뻐서 감동을 받았다. 생각건대, 그대는 늙은 부모를 봉양하며 어린 자식을 거느리고 가난하게 살아가자면 생계生計가 부족할 뿐만 아닐 터인데, 이처럼 거취去就를 선뜻 결정하니, 주자의 글을 잘못 읽지는 않았다고 할 만하도다.

곧 화서는 일신의 명리와 불의를 떨치고 즉시 현감직을 버린 면암의 처신이 명분과 의리를 금과옥조로 하는 화서학파의 학문, 의식세계에 충실했다고 칭찬을 아끼지 않았던 것이다. 관직을 떠난 뒤 면암은 이듬해 정월 벽계로 가서 한동안 뵙지 못했던 스승 화서를 배알하고 돌아왔다.

면암은 곧이어 관직에 복귀하였다. 1864년 2월 성균관전적으로 복귀한 뒤, 4월 예조좌랑을 거쳐 1865년 정월에는 성균관직강으로 전직되었다. 그리고 1866년 4월에는 국정 감찰을 담당한 직책인 사헌부지평에 임명되었다. 이처럼 면암은 국정 요직을 두루 거치며 출세가도를 달렸으나, 그해 5월 모친상을 당하게 되어 상례喪禮를 치르기 위해 한동안 관직을 떠나지 않을 수 없었다. 모친상을 당하기 직전 관직에 있는

면암이 화서 문하에서 공부하던 양평 벽계의 청화정사(靑華精舍)

동안, 면암은 국가의 기강과 백성의 생활을 안정시키기 위한 방책을 건의하기 위해 상소를 초했지만 모친의 병세가 위중한 관계로 중도에 그치고 말았다. 그가 이때 초한 상소에서 건의하려 했던 개혁 방안은 언로言路를 열 것, 임금의 신체인 성궁聖躬을 보존할 것, 임금의 학문인 성학聖學에 힘쓸 것, 근검절약할 것, 만동묘를 복구할 것, 서양의 요기妖氣를 없앨 것 등 여섯 가지였다. 성리학적 도덕, 의리관에 철저했던 면암이 어떻게 현실을 인식하고 있었는지 엿볼 수 있는 대목이다.

면암은 상복을 벗고 다시 벼슬길에 나가게 되는 1868년 8월까지 3년간 포천에 유거해 있었다. 그가 포천 향리에 머문 사이, 나라 안에서는 병인양요가 일어나 전국이 혼란의 소용돌이에 빠져들었다. 조선 전토가 그러했듯이, 면암도 예외 없이 이에 큰 충격을 받았을 것이다. 양요가 일어나던 그 무렵이 우리 역사에서 대외위기의식이 가장 고조되던 시기였다.

대원군 집권 시기에 조선의 일관된 대외정책은 이른바 쇄국양이鎖國攘夷였다. 조선조 5백 년 동안의 통치 이데올로기인 성리학 사회의 배타성과 독존성에서 비롯된 쇄국양이는 당시 양반 유생을 비롯하여 일반 인민 절대다수가 공감하던 압도적 국론이었다.

대원군시대에 쇄국양이를 표방한 대외정책의 단서는 원래 천주교 탄압에서 비롯되었다. 천주교는 18세기에 전파된 이후 줄곧 사교邪敎로 지목되어 신유사옥(1801), 기해사옥(1839)과 같은 대박해를 받으면서도 꾸준히 교세를 확장해갔다. 그 결과 대원군 집권 무렵에는 교도가 2만 명에 이르렀을 정도로 교세가 늘어나 있었다. 또한 국내에는 베르뇌S. F. Berneux 주교를 비롯한 다수의 외국인 선교사들이 활발한 선교활동을 벌이고 있었다.

'아버지도 없고 임금도 없다'는 이른바 '무부무군無父無君'의 사교로 인식되던 천주교는 조선의 성리학 통치 이데올로기와 정면으로 상치될 뿐만 아니라, '서양 오랑캐'洋夷와 연결되어 조선에 해를 가하게 될 잠재적 적으로 간주되고 있었다. 그러므로 천주교는 위험한 적대세력으로 언제나 경계와 감시의 대상이었다.

대원군은 1866년 정월 천주교에 대해 대대적인 탄압을 가하였다. 이때부터 시작된 대박해는 전국적으로 확대되어 1872년까지 7년 동안 지속적으로 이루어졌다. 병인사옥丙寅邪獄으로 불리는 이 시기의 천주교 박해로 약 8천 명의 교도가 희생되었다.

면암의 후견인이었던 양헌수의 정족산성전투 승전비(강화도 전등사)

병인사옥에서 다행히 화를 면한 3명의 프랑스 선교사 가운데 리델F. C. Ridel 신부는 중국으로 탈출하여 프랑스 극동함대 사령관 로즈P. G. Roze 제독에게 조선의 천주교 탄압 실정을 알리고 보복원정에 나설 것을 촉구하기에 이르렀다. 이에 로즈 제독은 북경 주재 프랑스공사 벨로네H. de Bellonet와 협의하여 조선에 대한 무력 침공을 감행하기로 결정하였다. 그리하여 로즈는 1866년 8~10월 동안 전후 2차에 걸쳐 함대를 거느리고 조선을 침공해 왔다.

로즈 함대의 제1차 원정은 본격적인 침공에 앞서 강화해협을 중심으로 한 수도 서울까지의 수로 탐사와 해도 작성을 위한 예비적 탐사 원정이었다. 8월, 함대는 경기도 남양만을 경유한 뒤 도성과 인접한 양화진과 서강까지 침공해 와 한양을 공포의 도가니로 몰아넣었다.

9월, 로즈는 본격적인 조선 원정길에 올랐다. 모두 7척의 군함에다 일본 요코하마橫濱에 주둔하고 있던 수병 6백 명이 승선함으로써 막강한 전력을 구비한 상태였다. 프랑스군은 갑곶진에 상륙한 뒤 강화부를 침공하여 이곳을 점령하였다. 강화부 전투의 양상은 프랑스 군인 6백 명의 공격을 조선군 3~4만 명이 방어하는 모습이었다. 그러나 조선군은 프랑스군에 비해서 화력이 너무나도 열세였기 때문에 일방적인 패퇴를 감수해야만 하였다.

강화부가 함락되자 대원군은 훈련대장 이경하李景夏를 순무사巡撫使에 임명하고, 그 휘하에 이용희李容熙를 중군中軍, 양헌수梁憲洙를 천총千摠으로 삼아 2천 명의 군사를 거느리고 출정케 하였다. 그리하여 양군 사이에는 9월 18일에 문수산성 전투, 10월 1일에는 정족산성 전투가 연이어 벌어졌다. 문수산성 전투에서도 역시 프랑스군의 총포의 화력을 당해낼 수가 없어 조선군이 패하였다. 그러나 천총 양헌수가 미리 군사들을 매복시켜 구사한 '기병작전'奇兵作戰으로 타격을 가한 정족산성 전투에서는 조선군이 완벽한 승리를 거두었다. 올리비에Ollibier 해군대령이 지휘하던 프랑스군은 이 전투에서 6명이 전사하고 30여 명이 부상을 당하였던 데 견주어 조선군은 1명의 포수가 전사하고 3명이 부상을 입었을 뿐이었다.

정족산성에서 참패한 프랑스 수군은 10월 5일 강화도에서 철수하였다. 그동안 프랑스 군인들은 강화읍 일대를 파괴하였을 뿐만 아니라 진귀한 문화재와 재물들을 대거 약탈하는 만행을 저질렀다. 프랑스는 이때 약탈해간 문화재를 아직까지 돌려주지 않고 있어 우리의 공분公憤을 사고 있다.

이와 같은 병인양요로 말미암아 1866년 여름과 가을에는 '서양 오랑캐'에 대한 극단적 공포감이 조선 전토에 퍼져 있던 난국이었다. 강화도를 점령한 서양 오랑캐는 머지않아 도성을 침공할 것이며, 나아가 조선 전토를 이들이 지배하는 무서운 세상이 도래하게 될 것이라는 극단적 위기감이 팽배해 있었다. 병인년 여름과 가을은 그야말로 총체적 위기 상황이 연속되던 시절이었다.

이와 같은 양요로 인해 전국적으로 민심이 흉흉해지자, 조정에서는 당시 덕망이 있고 큰 학자로 칭송되던 화서 이항로를 지목하여 그에게 동부승지 벼슬을 내리고 서울로 불러들여 그 대책을 자문하기에 이르렀다. 이에 화서는 동부승지를 사임하면서 상소를 올려 단호한 '주전척화'를 역설하였다. 이후 그는 두 차례 더 상소를 올려서 위정척사, 존화양이의 입장에서 단호히 대처할 것을 주문하였다.

이때 75세의 노구를 이끌고 서울에 올라와서 화서가 올린 세 차례 상소는 그 내용을 보면 후일 우리에게 시사하는 바가 적지 않다. 동부승지를 사직하며 올린 첫 번째 상소에서는 주전척화의 구체적 방안으로 '체통을 받들 것尊體統' '언로를 열 것開言路' '무비를 갖출 것繕武備' '덕이 있는 사람을 존숭할 것尊德人' 등 네 가지를 열거하고, 나아가 서양 오랑캐를 격퇴하기 위해 민간에서 의병을 모으는 방안까지 제시하였다. 이어 공조참판을 사직하면서 올린 두 번째 상소에서는 특히 서양의 물품을 단호히 배격해야 한다는 양물금단론洋物禁斷論을 주장하였다. 이어 10월에 올린 세 번째 상소에서는 다음과 같이 서양 제국주의의 경제적 약탈 속성까지 깊이 간파하였다.

저들의 물건 만드는 일은 손에서 생산되어 일계日計로도 남음이 있지만 우리의 물건 만드는 일은 땅에서 생산되어 세계歲計로도 오히려 부족하다. 부족한 것을 가지고 남는 것과 교역한다면 우리가 어찌 곤궁해지지 않겠으며, 일계를 가지고 우리의 세계를 상대하게 된다면 저들이 어찌 넉넉해지지 않을 수 있겠는가. 오늘에 이르러 그것이 나라의 큰 고질이 되고 있다.

즉 위의 인용문의 요지는 우리의 일차상품인 토산품과 서양의 이차상품인 공산품이 교역하게 되는 경우, 서양 제국주의에 의해 조선의 경제가 약탈되고 예속당할 수밖에 없는 상황을 통찰한 것이라 할 수 있다. 이와 같은 제국주의의 경제적 침탈상은 개항 이후 조선 경제의 실상에서 그대로 입증되었다. 비록 성리학적 관점에 따라 서양 제국주의 침략 속성을 논파하는 과정에서 거론된 지적이지만, 화서는 제국주의의 침략적 속성을 이처럼 날카롭고도 정확하게 간파하였던 것이다. 병인양요 시기에 화서가 펼친 이러한 주장과 논지는 1876년 개항 때를 비롯하여 화서학파 문도가 이후에 전개한 위정척사운동의 전범典範이 되었다.

1868년 한 해 동안 면암에게는 개인적으로 불행이 연속적으로 닥쳐왔다. 먼저 그해 정월에 계부季父 통덕랑通德郎 숭崇이 작고하였다. 그의 계부는 도량이 넓고 위인이 엄중하여 온 집안이 의지해 왔는데, 이때 타계한 것이다. 면암은 뒷날 추모의 정을 담아 그 계부의 묘지墓誌를 지었다. 계부의 타계에 뒤이어 3월에는 전년에 낳은 어린 아들이 갑자기 요사夭死하고 말았다. 참담하기 이를 데 없는 지경이었다. 이와 같은 처지에서 스승 화서가 작고하였다는 부음을 들었다. 그동안 면암을 지켜주던 정신적 지주가 무너지게 된 셈이었으니, 그가 받은 충격과 슬픔이 얼마나 컸을지는 가히 짐작하고도 남음이 있다. 그는 벽계로 가서 화서의 장례에 참석하였으며, 뒷날 화서의 신도비문을 지었다. 그가 지은 신도비문의 서두에는 공자·주자와 같이 혼란한 시대를 구제할 역사적 소명을 띠고 태어난 인물로 선사先師 화서를 단정하며 극단적으로 존숭하였다.

아, 하늘이 이 세상을 염려하는 것이 지극하다고 말할 수 있다. 세상은 치세와 난세가 없을 수 없는데, 혼란하면 하늘은 반드시 한 사람의 대인군자를 내어 시대를 참작하여 혼란을 중지하는 기본을 마련하게 하였다. 주周의 말기에 공자가 출생하고, 송·명의 말기에 주자와 송자宋子(송시열을 말함)가 태어난 것이 바로 그 징험이다. 그 후 서교西敎가 횡행하여 천하가 번복되고 생민生民이 어육魚肉이 되는 재앙이 있게 되니, 하늘은 우리 선생을 동방에 탄생시켜 저들을 물리치는 일을 맡아 만세에 일치一治의 기초가 되게 하였으니, 아, 이것이 어찌 우연한 일이겠는가.

면암이 선사 화서에 경도된 정도를 확실하게 보여주는 한 대목이라 할 수 있다. 이러한 화서의 타계로 말미암아 면암이 입었을 마음의 상처는 짐작하고도 남는다.

연이은 역경과 고통은 면암으로 하여금 심기일전 더욱 분발케 했다. 1868년 8월 모친의 삼년상을 마치고 난 면암은 다음 달 사헌부장령에 임명되었다. 이에 면암은 즉시 상소를 올려 시폐時弊와 민생民生 가운데 가장 절급히 시정해야 할 것으로 다음 네 가지를 거론하였다. 첫째는 대규모 토목공사를 중지할 것, 둘째는 가렴주구를 그만둘 것, 셋째는 당백전當百錢을 혁파할 것, 넷째는 사대문세四大門稅를 금지할 것 등이 그것이다. 이 네 가지는 대원군이 왕실의 권위회복을 명분으로 추진하던 정책들로 상호 깊은 연관성을 가지고 있었다.

그 가운데 대원군이 그동안 실추되어 있던 왕실의 권위를 회복하기 위해 박차를 가해 추진했던 경복궁 중건사업과 같은 대규모 토목공사를 중지할 것을 요구한 대목을 보면 다음과 같다.

신은 생각건대, 임금의 급선무는 덕업德業에 있고 공사를 일으키는 데 달려 있지 않다고 여긴다. 그러므로 띠집과 흙섬돌은 요임금이 위대하게 된 까닭이며, 궁실을 낮게 하고 음식을 박하게 하면서 백성의 일에 부지런히 한 것은 우임금에게 비난할 것이 없게 된 까닭이며, 경궁요대瓊宮瑤臺와 아방궁·만리장성은 걸주桀紂와 진시황이 어지러워 패망하게 된 까닭이다. 한나라 이후로 모든 나라를 보존한 임금 가운데 요역徭役을 중지하여 민심을 얻는 것을 근본으로 삼지 않고서 태평을 누린 임금이 있는가. 나라를 망친 임금은 토목을 한없이 하여 백성의 힘을 고갈시킴으로 말미암지 않은 이가 있는가. 그 뚜렷한 사적이 서책에 갖추어 실려 있는 것이다. 만약 고금의 사변事變을 도무지 믿을 것이 못 된다고 여긴다면 그만이지만, 성왕聖王의 정치를 본받고자 한다면 그 까닭을 깊이 생각해 보지 않을 수 있겠는가.

면암은 국왕이 근검절약과 소박한 생활을 바탕으로 삼아 백성에게 모범을 보여야 하며, 아울러 민력民力의 피폐를 초래하는 대규모 토목공사는 금지해야 한다고 간언한 것이다. 또 대규모 토목공사에 소요되는 재원을 마련하기 위한 방편의 하나로 신설해서 부과하던 사대문세의 금지를 역설한 대목은 다음과 같다.

당당한 천승千乘 나라의 부富를 가지고 백성과 이익을 다투어, 이미 백관과 각 군문軍門에 지출하는 녹을 줄였으면서도 부족하게 여겨 한 푼 두 푼을 나무장수와 콩 파는 사람에게 동정을 바라고 추위에 떨고 굶주리는 약한 백성들을 돌보지 않으니, 이야말로 이웃 나라에 소문낼 일이 못 되는 것이다.

면암은 당당한 나라에서 '나무장수'나 '콩 장수'와 같은 하층민에게조차 문세를 받는 것은 민생을 외면하는 구차한 처사라고 강하게 비난한 것이다.
이와 같은 상소를 통해 면암은 명분에 치우쳐서 민생을 외면하던 대원군의 중요 정책에 대해 정면에서 반기를 들었다. 그동안 대원군의 기세에 눌려서 그가 추진하던 정책에 대해 그 누구도 함부로 비판하지 못했는데, 면암이 이와 같은 상소를 올리게 되자 조야에 큰 반향을 불러일으키며 일약 명성을 얻게 되었다. '아침 볕에 봉황이 울었다'는 의미로 직간을 상징하는 말인 '봉명조양鳳鳴朝陽'으로 면암이 불리게 되는 것도 이때부터였다.

하지만 대원군을 탄핵하는 상소에 대한 반발도 만만치 않았다. 사간원사간 권종록權鍾祿은 면암이 올린 상소의 주장과 문구를 문제 삼아 그를 탄핵하였으며, 나아가 화서가 지난 병인양요 때 올린 상소에서 토목공사를 언급한 내용까지 비난하기도 하였다. 이 때문에 면암은 일시 삭직을 당하였다.

그러나 면암의 관직 삭탈은 일시적인 것이었다. 권종록의 면암 탄핵 상소에 대해 고종이 "이미 [면암의 상소에 대해] 비답을 내렸는데 이제 어찌 다시 따지겠는가. 말을 경솔하게 한 것은 진실로 그런 까닭이 있어서 그런 것이다. 이는 시골뜨기의 우매한 소치이니 깊이 나무랄 그 무엇이 있겠는가. 삭직하는 벌로 시행하라. 만약 이로 인하여 시끄럽게 된다면 실로 내가 뜻한 바가 아니다."라고 비답한 대목을 통해서도 면암을 옹위하는 분위기가 드러나 있음을 알 수 있다.

그러므로 삭직 직후에 면암은 오히려 고종의 특지로 곧바로 정3품 당상관의 품계인 통정대부에 오르고 돈녕부도정敦寧府都正에 제수되었다. 곧 국왕이 면암의 강직한 성품과 직언을 가납한 것이었다. 조두순과 같은 중신도 면암의 간언에 대해 "우리들이 모두 상대부上大夫의 반열에 있으면서 시위소찬尸位素餐을 면하지 못하였으니, 실로 최모崔某 앞에 죄인이다."라고 하여 찬사를 보냈다고 한다.

이에 면암은 자신에게 내려진 관직을 사직하는 상소를 올리면서 권종록의 상소에서 화서를 비방한 대목에 대해 신원伸冤해 줄 것을 다음과 같이 주장하였다.

신의 스승 고 참판 신臣 이항로는 세상을 담당할 만한 학문으로 양적洋賊이 창궐하는 때를 당하여 병든 몸으로 나와서 상소하였으니, 대의大義가 수십 조목이었다. 마침 국사가 허둥지둥 시끄럽기 때문에 비록 정령政令에 시험해 보지는 못하였으나, 한결같이 지성스럽고 가엾게 여기며 선을 아뢰어 부정을 막으려는 진정한 마음에서 나온 것이다. 그것은 옛날에 질정質正해 보아도 의심이 없고 백세를 지나도 의혹이 없을 것이다. 간관諫官이 '소견이 좁고 명예를 낚으려는 계책이다.'라고 하였는데, 홍수를 막히게 했다고 우임금을 무함하고, 성性이 악하다고 했다고 맹자를 헐뜯는 것과 거의 같다. 참으로 '촉나라 개가 해를 보고 짖고, 월나라 삽살개가 눈을 보고 짖어댄다.'고 말한 것과 같으니, 스승에게 어찌 경중과 손익이 있겠는가. 다만 변변치 못한 신으로 인하여 생각지 않은 무고誣告가 지하에 미쳤으니, 신도 사람의 마음이 있는데 어찌 염치를 무릅쓰고 나아가 명교名敎를 무너뜨려 옳지 못한 죄를 범하겠는가.

위 상소의 요지는 권종록이 화서의 상소를 일컬어 '소견이 좁고 명예를 낚으려는 계책' 운운한 것은 스스로 안목이 협소하다는 사실을 드러낸 것으로서 화서의 참된 우국충정의 가치를 무고한 것이라는 주장이다. 면암의 이러한 상소에 대해 고종이 내린 비답은 "전번에 올린 너의 상소는 말이 절실하였으나 다만 말을 사용한 것이 문제 되어 간관의 논의가 있게 된 것이다. 이제 어찌 이 때문에 인피引避할 것이 있겠는가. 내정을 닦고 외적을 물리치는 방도는 내 뜻에 매우 합치되니, 유념하지 않겠는가."라고 하여, 그 본래의 충정을 마음 깊이 인정해 주었다.

사직 후 포천에 내려가 있던 면암은 38세 때인 1870년 6월에 승정원 동부 승지에 임명되었다는 부름을 받고 상경해서 일시 봉직하였다. 하지만 어떤 이유에서인지는 모르겠지만, 얼마 뒤 관직을 떠나 다시 포천으로 퇴거하였다.

면암의 동문선배였던 중암 김평묵

면암은 1871년 4월에 미국 함대의 침공으로 야기된 신미양요가 일어났다는 소식을 듣고 급히 서울로 갔다. 국가비상사태에 대처하기 위해서였던 셈이다. 그 뒤 면암은 양요가 평정되고 난 뒤 다시 포천으로 돌아왔다.

그해 겨울에 면암은 중암 김평묵을 양근 대곡大谷(현 홍천군 서면 대곡리)으로 방문하였다. 동문 선배로 화서의 적전嫡傳을 승계한 중암은 화서 사후 면암의 정신적 후견인이었다. 면암은 힘들고 고통스러운 삶의 고비마다 그를 방문하여 위안과 원조를 받아왔던 것이다.

대원군 탄핵의 선봉

대원군의 집권기는 전통사회에서 근대사회로 이행되는 과도기였다. 이 시기에 한민족은 대내외적인 시련과 도전에 직면하였으며, 이를 슬기롭게 극복하여 자주적이고도 능동적인 역사발전을 도모해야 하는 시대적 과제를 안고 있었다.

중국의 경우 1840년 아편전쟁에서 영국에 패배한 뒤 1842년 남경조약 체결로 서구 제국주의의 침략을 본격적으로 받게 되었다. 그 뒤 1856년 애로Arrow호 사건을 계기로 영불 연합군의 공격을 받아 북경이 함락되어 원명원圓明園이 불타고 황제가 열하熱河로 몽진하는 등 수난을 당하였다. 이에 중국은 다시 천진조약(1858)과 북경조약(1860)을 연이어 체결해야만 하였다. 이러한 조약 체결의 결과 중국은 공사의 북경 주재, 구룡반도九龍半島의 할양 및 개항장 증설, 기독교 포교의 자유 등을 허락하게 되어 서구 제국주의 세력 침탈의 장으로 화하고 말았다. 또한 러시아에게도 연해주를 할양하지 않을 수 없는 등 영토의 손실을 감수해야만 하였다. 중국은 이 무렵 태평천국의 난(1851~1864)으로 남경이 함락되는 등 양자강 이남 거의 전역이 일시 반란세력의 점령하에 들어가 대내적으로도 어려운 시기에 봉착해 있었다. 중국은 이처럼 대내외적으로 심각한 위기에 봉착해 있었기 때문에 조선 문제에 깊이 개입할 수 있는 처지가 아니었다.

19세기 중엽 일본 역시 개항하였다. 그동안 일본은 네덜란드를 제외한 서구 제국에 대해 쇄국정책을 고수해 오고 있었다. 그러나 1853년 미국의 해군제독 페리Matthew C. Perry가 거느리는 군함이 에도만江戶灣에 들어가 함포사격을 가하며 통상을 요구하게 되자 양상은 일변하였다. 일본 최후의 막부인 토쿠가와막부德川幕府는 이와 같은 함포 위협에 굴복하여 미국과 1854년에 화친조약을, 그리고 1858년에는 통상조약을 체결함으로써 2백 년 동안 지속해온 쇄국정책을 포기하고 개항을 하게 되었던 것이다. 그 뒤 1868년에는 쵸수번長州藩과 사쯔마번薩摩藩이 중심이 되어 막부를 무너뜨리고 메이지유신明治維新을 일으켜 왕정복고를 선언하였다. 새로 등장한 명치정부는 대외적으로 개방정책을 채택하여 '탈아외교脫亞外交'를 지향하고, 대내적으로는 부국강병, 문명개화를 모토로 정치·경제·군사·교육 등 여러 방면에서 적극적으로 서양 문물제도 모방운동을 벌였다. 이러한 서양화운동의 일환으로 메이지정부는 80여 명의 이마쿠라사절단岩倉使節團을 구미 각국에 파견하여 서양의 문물제도를 시찰 연구케 하였다. 그리고 서양인 교사와 기술자들을 초빙하여 근대적 공장·군사시설·학교 등을 세웠다.

  중국·일본 등 인국들의 이와 같은 개항―근대화 방향과 노력에 대해 조선의 위정자들은 대체로 무감각하였고, 나아가 그러한 시도 자체를 위험시 내지 경멸시하는 경향을 보이고 있었다. 배타성과 독존성을 강하게 드러내던 조선 후기 주자학 사회가 19세기 중엽 제국주의 침략에 직면하게 되자 체제수호를 위해 더욱 안으로 고착화된 결과였다.

  한편 조선의 국내 사정 역시 19세기에 들어와 악화일로를 걸어 불안한 상태가 지속되었다. 영정조 이후 노론이 득세하면서 순조·헌종·철종 3대에 걸쳐 안동 김씨와 풍양 조씨 등 외척이 정권을 농단하는 세도

정치가 계속되고 있었다. 외척 권신들은 왕명의 출납에서부터 인사·행정에 이르기까지 전권을 장악하였기 때문에 자연히 매관매직이 성행하고 파행적인 인사·행정이 자행될 수밖에 없었다. 그 결과 왕실의 권위는 실추되고 국가기강은 날로 해이해져 왕조의 존립 자체가 위협받는 상황에까지 직면하였던 것이다.

1863년 철종이 재위 14년만에 후사 없이 타계하고 그 뒤를 이어 흥선군興宣君 이하응李昰應의 둘째 아들 재황載晃이 보위에 등극하였다. 이에 국왕의 생부生父 이하응은 '흥선대원군'으로, 생모 여흥민씨는 '여흥부대부인'驪興府大夫人으로 봉작을 받았다. 등극 당시 고종의 나이가 12살에 지나지 않았기 때문에 형식상으로는 조대비가 수렴청정을 하였다. 하지만 실제로는 대원군이 조대비의 위임하에 전권을 장악하였으며, 형식적인 수렴청정도 1866년 2월 철회됨으로써 막강한 절대 권력을 행사할 수 있었다. 대원군은 이때 40대 중반으로 경륜이 쌓이고 정력과 의욕이 넘쳐 있었다. 그의 절대 권력은 제도적인 틀 속에서 나온 것이 아니고 '국왕의 생부'라는 명분상의 지위에 근거하고 있었다. 그러므로 '대원위분부大院位分付'로 하달되던 그의 명령은 엄청난 권위를 가질 수 있었던 것이다.

대원군은 1820년(순조 20) 서울 안국동에서 태어났다. 어머니와 부인은 모두 여흥 민씨로, 어머니는 우의정을 지낸 민경혁閔景爀의 딸이었으며 부인은 행돈녕부사行敦寧府事 민치구閔致久의 딸이었다. 며느리로 맞이한 민왕후 또한 첨정僉正 민치록閔致祿의 딸이었으므로, 그는 3대에 걸쳐 여흥 민씨와 각별한 인연을 맺고 있었던 셈이다. 대원군은 3남 3녀를 두었다. 장녀는 풍양 조씨 경호慶鎬, 둘째 딸은 정구鼎九에게 시집갔고, 서녀庶女는 우봉 이씨牛峰李氏 윤용允用에게 출가하였다. 그러므로 그는 풍양 조씨와도 각별한 관계에 있었다고 할 수 있다. 두 가문과의 이와 같은 인연은 그의 정치적 여정과 시종 밀접한 연관을 가지게 된다.

　대원군은 유교적 소양을 충분히 갖추고 비교적 학식이 풍부한 인물이었다. 당대 석학으로 소문난 권신이던 조두순趙斗淳이나 김병학金炳學 같은 인물들과 상대할 때는 치국대도를 담론할 수 있었고, 직접 『양전편고兩銓便考』와 『강목집요綱目輯要』를 편찬하였다는 사실을 통해서도 그의 학문적 소양을 짐작할 수 있다. 그러나 그의 학문과 기질은 경직된 유학의 테두리를 벗어나 다양한 방면에까지 미치고 있었다. 특히 그는 추사 김정희를 사사하여 난초 그림과 서예에서 독특한 경지에 이르렀을 정도이며, 실학파 인맥인 신헌申櫶과 박규수朴珪壽를 신임하였던 점을 미루어 보면 실학을 긍정적 입장에서 수용하였다고도 볼 수 있다. 곧 그는 역대 군왕보다 더 다양하고 폭넓은 식견과 소양을 몸에 익힌 인물이었다고 평가할 수 있다. 하지만 대원군은 그 사상 자체가 당시 일반 선비들이 가지고 있었던 주자학 일존주의의 보수적 관념에서 벗어나 있었던 것이 아니기 때문에 일관된 정책 역시 그러한 신념하에서 표출되었다고 볼 수 있을 것이다.

　대원군은 어려서부터 재능이 비범하고 두뇌가 명석하였기 때문에 세도가들의 주목을 받게 되었다. 청년시절 세도가들의 감시를 벗어나기 위해 시정잡배들과 어울려 다녔고 때로는 세도가를 찾아다니며 구걸하다시피 하였다고 한다. 한번은 안동김씨 세도재상 김좌근金左根의 집을 찾았는데, 그의 집에 있던 호조판서 심의면沈宜冕으로부터 "궁도령宮道令이 궁이나 지킬 일이지 신짝을 질질 끌고 무엇하러 재상집을 찾는가" 하는 말까지 들었다고 한다. 대원군은 세도가들로부터 이러한 수모를 당하면서 절대 권력을 향한 의지를 감추는 한편, 자유분방한 생활을 통해서 민초의 생활상과 민생의 당면 과제가 무엇인지 절실히 파악할 수 있었다.

대원군은 이러한 가운데서도 정계의 추이에 예민해 있었고 궁중의 최고 어른이던 익종비翼宗妃 조대비와 은밀하게 접촉하고 있었다. 당시 풍양 조씨 척족 가운데는 조대비의 조카로 조성하趙成夏·조영하趙寧夏 등이 있었으나 이들은 아직 어려서 경륜이 부족하였고 정치 경험도 없었기 때문에 척족권신의 지위를 감당할 수가 없는 상황이었다. 그러므로 조대비는 누대 계속되어 온 안동김씨 세도를 억누를 수 있는 적임자로 대원군을 지목하여 그에게 전권을 위임하기에 이르렀다. 그리하여 대원군은 철종 사후 조대비의 적극적인 비호하에 정권을 장악할 수 있었다.

정권을 장악한 뒤 대원군은 많은 개혁을 단행하였다. 또 그 개혁은 한때 백성들로부터 큰 지지를 받고 있었다. 그리고 병인양요와 신미양요 때에도 그의 쇄국양이정책에 대해 백성들의 열렬한 지지를 얻음으로써 극복할 수 있었다.

대원군에 대한 반감은 1871년 서원 철폐 때부터 유생들이 주축이 되어 서서히 고개를 들기 시작하였다. 원래 서원에 대한 탄압은 대원군이 집권한 지 얼마 안 된 시기부터 시작되었지만, 그동안 양요가 연발하면서 기세가 누그러져 있었다. 그러다가 1871년 3월 전국의 서원에 대해 가혹한 탄압을 가하였다. 서원의 제향 대상자를 문묘의 종향인從享人으로 하고, 선현 1인당 서원 한 곳을 원칙으로 하여 47개의 사액서원만을 남기고, 그 밖에 첩설疊設된 서원을 모두 철폐하였던 것이다. 이와 같은 조치에 대해 대원군이 매우 강경한 태도를 견지하였으므로 유생들도 한동안 방관할 수밖에 없었다. 대원군의 기세에 눌려서 제대로 비판하거나 반발할 수 없었던 것이다.

면암이 탄핵한 흥선대원군

이와 같은 분위기에서 면암은 1873년 10월 시무를 논하는 상소에서 대원군의 대내 정책 전반에 대해 맹렬한 비난을 가함으로써 대원군의 10년 세도의 군건한 아성에 일대 타격을 가하였다. 이 상소는 1866년 병인양요 당시 스승 화서가 올린 상소의 뒤를 이어 1868년 10월에 시무개혁을 주장하면서 올렸던 상소의 논지와 주장을 계승한 것이었다. 그러나 당시 승천하는 대원군의 기세로 말미암아 면암이 올린 상소의 주장이 받아들여질 수 없었다.

하지만 1873년 면암이 상소를 올릴 때는 분위기가 일변해 있었다. 1863년 12월 즉위시 12세의 소년에 불과했던 고종도 이때에는 이미 22세의 성년이 되어 있었다. 이에 고종은 성장할수록 불만을 품게 되었다. 여기에다 1866년 3월에 왕비가 된 민왕후를 필두로 정계에 등장하게 된 민씨척족 세력도 대원군의 전횡에 대해 반발하고 있던 중이었다.

면암의 대원군 탄핵 상소는 이와 같은 분위기에서 올라온 것이었다. 고향 포천에 퇴거해 있던 면암은 1873년 10월 승정원 동부승지에 임명되었다. 이와 같은 인사는 면암이 상소를 올릴 수 있는 여건을 만들어 준 것이었다. 면암은 10월 10일 동부승지를 사직하면서 시정의 폐단을 지적하고 이를 강력하게 규탄하는 상소를 올렸다. 이것이 면암을 일약 역사의 전면으로 부상浮上시킨 유명한 대원군 탄핵 상소였다. 성리학적 의리와 명분론에 입각하여 대원군 정권의 부패하고 타락한 실상을 정면에서 탄핵한 핵심 대목을 보면 다음과 같다.

정사政事는 옛법을 변경하였고 사람은 주견이 없다. 대신이나 육경六卿은 건백建白하는 의론이 없고, 대간과 시종侍從은 일 좋아한다는 비방을 피하기만 하고 있다. 조정에는 속론俗論이 자행되어 정의는 사라졌으며, 아첨하는 사람이 뜻을 얻어서 곧은 선비는 떠나가고 있다. 가렴주구는 그치지 않아 백성이 어육魚肉이 되었고, 윤리와 법도는 무너지고 사기士氣는 떨어졌다. 공정한 사람은 괴이하고 과격하다는 말을 듣고, 사사로이 도모하는 자를 유능하다고 일컫고 있다. 염치를 모르는 사람은 제때를 만났고, 지조 있는 사람은 나른히 죽게 되었으니, 하늘의 재앙이 위에서 나타나고 땅의 변괴가 아래에서 일어나서 자연의 질서조차 모두 그 정상을 잃고 말았다.

면암은 곧 조정대신들이 올곧은 기개도 없고 강상윤리는 문란해져서 정의는 소멸되었으며, 이로 인해 심지어는 하늘과 땅에서 재앙을 내려

날씨와 기후 등 자연현상조차 그 정상을 잃었다고 할 정도로 대원군이 집권한 당대의 정국에 대해 맹렬한 비난을 가하며 그 폐단을 지적하였던 것이다.

면암은 상소문을 포천 시골집에 머물 때 지었기 때문에 이 상소를 포천 관아에 접수하여 경기감영을 통해 국왕에게 올리려 했다. 하지만 면암의 상소문을 몰래 뜯어본 경기감사 김재현金在顯이 그 내용이 심상치 않자 이를 미리 대원군에게 바쳤다. 이를 보고 격노한 대원군은 상소문이 올라오지 못하도록 백방으로 노력을 기울였다.

면암의 상소에 촉각을 곤두세우고 있던 대원군은 급기야 면암의 동문 선배인 금위대장 양헌수梁憲洙에게 다음과 같은 편지를 보내었다.

대감이 최령崔令(최익현)과 정의情誼가 좋음은 이미 들었다. 전번 최령의 소장은 원래 그대로 올릴 수 없는 일이다. 다만 '어버이가 병들었다'고 하거나 '신병으로 길을 떠날 수 없다'는 뜻으로 관례에 따라 사면토록 하라. 그렇게 하지 않으면 조정이 장차 불안해질 것이다.

곧 대원군은 양헌수를 통해 면암이 원안 그대로 상소를 올리는 것을 만류해 달라고 부탁하기도 하고 또 위협하기도 하였다. 이때 난처해진 양헌수가 대원군의 의중을 전해오자, 면암은 "말이 한번 나간 뒤에 용서받지 못할 죄를 범하였으니 멀리 귀양 보내거나 형벌을 내리는 것으로 다만 천명을 맡은 사람이 처분을 내리기를 기다릴 뿐이다."라고 하며 이를 단호하게 거절하였다고 한다.

면암은 얼마 뒤 우부승지로 승진하였다가 다시 동부승지로 내려갔다. 그리고 곧 임금의 특명으로 호조참판에 제수되었다. 면암은 동부승지 사직소를 올리고 고향에 머물러 있었지만, 그를 찾는 임금의 소명이 하루에도 세 차례나 오게 되자, 그는 양주 금곡으로 나아가 원래의 상소 문안 그대로 정서하여 고종에게 올렸다. 고종은 10월 27일에서야 이 상소문을 보았다. 그러자 고종은 면암을 책망하기는커녕 "너의 이 상소는 실로 충심에서 나왔고 또 나를 경계시킨 말이 지극히 가상하다. 감히 열성조列聖朝의 성대한 일을 계술하여 호조참판을 제수한다. 이와 같은 정직한 말에 만약 이론異論을 제기하는 자는 소인을 면치 못할 것이다."라는 비답을 내려 그의 상소를 극찬하고 특별히 호조참판에 제수한 것이다.

화서 이항로의 문하에서 춘추대의적 의리와 명분을 체득한 면암은 관계에 진출한 이후, 중앙 조정에서 대원군의 전횡과 그로 인한 폐단을 목도하고 이를 결코 좌시할 수 없었다. 앞서 1868년 10월에 대원군의 대규모 토목공사와 경제 실정을 탄핵하는 상소를 올린 뒤에 면암은 현실정치의 모순과 도덕적 회의감으로 인해 깊이 고민에 빠졌다. 그는 차라리 관직을 떠나 고향에 은둔할 생각으로 포천에 한동안 물러나 있었던 것이다.

이 무렵 고종이 면암에게 벼슬을 내려 부른 것은 대원군의 전횡에 불만을 품고 이를 시정하고자 해서였다. 고종은 정치적 후원자가 절실히 필요하였다. 청렴하고도 강직한, 그리고 신념을 굽힐 줄 모르는 지사형 인물인 면암이 그 적임자였다. 그리고 면암은 고종의 기대와 소망에 어

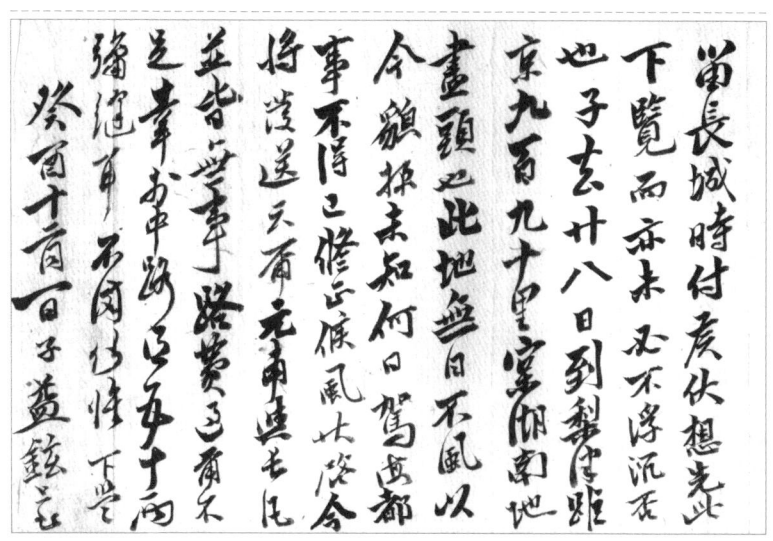

면암의 서신(1873)

굿나지 않게 처신했다.

친정에 뜻을 굳힌 고종은 시종일관 면암을 감싸고 두둔하였다. 이때 대원군은 인맥을 총동원하여 면암을 공격하였다. 이들은 한결같이 면암이 상소에서 '정사가 옛법을 변경했고 인륜이 없어졌다.政變舊章 彛倫斁喪'고 한 8자를 가지고 죄목의 자료로 삼았으나, 고종이 친정의 결심을 군히고 면암을 석극적으로 호위하고 두둔하는 이상 비록 대원군이라 할지라도 어찌할 도리가 없었다. 이때 면암이 올린 상소를 문제 삼거나 그를 탄핵했던 인사들은 모두 혹독한 대가를 치렀다.

당시 면암을 탄핵했던 인사들의 면모를 보면, 먼저 영의정 홍순목洪淳穆·좌의정 강로姜㳣·우의정 한계원韓啓源 삼정승을 비롯하여 육조의 장관 가운데 호조판서 김세균金世均, 예조판서 조성교趙性敎, 공조판서 이인응李寅應, 병조판서 서상정徐相鼎, 전 형조판서 서당보徐堂輔 등이었다. 또 옥당玉堂과 양사兩司에서도 소속 관원들이 총동원되어 연명으로 면암을 징치할 것을 청하였다. 뿐만 아니라 형조참의 안기영安驥泳과 전 정언 허원식許元軾은 면암을 국문하고 귀양 보낼 것을 주장하였다. 그 가운데 안기영이 올린 상소의 내용은 다음과 같다.

'인륜이 없어졌다'는 것을 어느 책에서 보았으며, 어느 때에 한 말인가. 지금 없어졌다는 것은 과연 무슨 일에 대해서이며 무엇을 지적하는 것인가. 우리 성명聖明이 임어한 이래로 구족九族을 친목하게 하고 백성을 밝게 하며, 정도正道를 부식扶植하고 간사한 무리를 물리쳤으므로, 인륜이 위에서 밝아졌고, 백성이 아래에서 친목하게 된 것은 만인이 다 같이 보고 칭송하는 바이다. 인륜이 없어졌다고 하는 데에 조금이라도 비슷한 것이 어디에 있기에 감히 이것으로 지척指斥하는 것인가. 속히 의금부에 명하여 국청을 설치하고 엄중히 문초하여 기어코 죄의 실정을 알아내게 하라.

곧 그는 면암의 상소에서 '인륜이 없어졌다'고 한 구절을 문제 삼아 면암을 죄인으로 다스려야 한다고 역설한 것이다. 다음으로 허원식許元軾이 면암을 탄핵하여 올린 상소는 아래와 같다.

그의 상소에서 '인륜이 없어졌다'는 것은 무슨 말인가. 인륜은 군신과 부자보다 더 중한 것이 없는데, 군신과 부자 사이에 무슨 변이 있는가. 종족을 친목하게 하는 교화가 성대하니, 사람들이 효제충신孝悌忠信의 도리를 닦고, 사도邪道와 이단異端을 배척하는 공이 크니, 백성들이 오랑캐가 되거나 짐승이 되는 처지를 면하게 되었는데, '인륜이 없어졌다'는 것은 잘못이다.

그의 상소에서 '정사가 옛법을 변경하였다'는 것은 무슨 말인가. 정사는 예악의 교화보다 더 큰 것이 없는데, 예악의 교화에 무슨 변고가 있는가. 『대전회통』을 편수하여 선왕께서 만든 법에 어김이 없고, 『오례신편五禮新編』이 이루어져서 열성조의 의문儀文이 더욱 드러났으니, '옛법을 변경했다'는 것은 잘못이다.

그의 상소에 또 '생민이 어육이 되었다'는 것도 잘못이다. 갑자년(1864, 고종1) 이후로 향리에는 무단武斷하는 풍습이 없어지고 도로에는 굶어 죽는 걱정이 없어서, 백성은 그 생업을 편안하게 여기고 의식과 사람이 풍족한데, 어찌 '어육이 되었다'고 하겠는가.

그의 상소에 또 '속론俗論이 자행하고 아첨하는 사람이 뜻을 얻었다'고 하였는데 속론이란 무슨 논의이며 그가 그것을 안다면 어찌하여 분명히 밝히지 않으며, 아첨하는 사람은 누구이며 그가 그를 안다면 어찌하여 정확하게 지적하지 않는 것인가.

그의 상소에 또 '사私를 일삼는 자는 잘하는 일이라 한다'고 하였는데, 사私를 하는 자는 누구이며, 사를 일삼는 자는 누구인가. 지금 밝은 조정에 권귀權貴의 신하가 하나도 없는데, 그에게 반드시 미워하는 바의 사私가 있고 또 반드시 미워하는 바의 사를 일삼는 자가 있을 것이다. 이는 전체 상소 가운데 가장 애매한 말이다.

또 정의正誼니 직사直士니 한 것은 자기 홀로 은연중 자처하여 대신 이하 만조백관을 일체 주견 없이 비방을 피하는 무리로 몰아넣으니, 결코 좋은 사람의 마음이 아니다. 속히 먼 지방으로 귀양 보내는 벌을 내려 패란悖亂하는 자의 경계로 삼게 하라.

곧 면암의 상소 내용을 조목조목 비판하면서 그를 귀양보낼 것을 주장한 것이다. 위에서 본 안기영과 허원식 양인의 상소가 가장 극렬하게 면암을 비난한 것으로 인구에 회자되었다.

하지만 고종은 면암을 철저하게 옹호하였다. 위의 안기영·허원식 양인에게는 유배형을 내렸다. 그리고 대신의 비답에만 "최모의 소는 실로 충심에서 나왔다."라고 하였고, 그 밖에 연명 상소한 육조 장관에게는 감봉減俸 처분이 내려졌으며, 옥당·양사의 관원들은 파직하였다. 또 관학유생 가운데 권당捲堂을 발론한 이건표李建杓·이교식李敎植·강영덕姜永德 등도 모두 먼 지방으로 귀양을 보냈다.

심지어 강관講官 이승보李承輔는 경연 자리에서조차 면암을 벌할 것을 청하였다. 이때 고종은 오히려 강관을 다음과 같이 훈계하고 꾸짖었다고 한다.

사람에게 정직함이 있으면 등용하도록 권하는 것이 옳거늘 도리어 국청을 열기를 청하니 진실로 무슨 마음인가. 만일 이처럼 정직한 사람을 국문하였다가 사책史冊에 기록되면 후세에 나를 어떤 임금이라 하겠는가.

면암에 대한 고종의 확고한 입장과 신뢰를 짐작케 하는 대목이다.

면암은 자신의 상소로 인해 조야에 큰 물의와 논란이 일어나면서 거센 비판이 야기되자, 11월 3일 다시 상소를 올려 앞의 상소에서 다하지 못한 생각과 주장을 5개 조로 분명하게 제시하였다.

오늘날 논자들이 '정사가 옛법을 바꾸었고 인륜이 없어졌다'고 한 8자로 신을 논박하는 근거로 삼으니, 신은 거듭 말하고자 한다. (중략) 현재 국사의 폐단이 없는 곳이 없으니, 명분이 바르지 못한 것과 말이 순하지 못한 것을 이루 다 말할 수 없다. 그중에 더욱 두드러지고 큰 것을 든다면, 만동묘의 훼철은 군신의 윤기倫紀가 무너진 것이요, 서원의 혁파는 사제간의 의리가 끊어진 것이요, 귀신에게 출후出後하는 것은 부자간의 윤기가 문란해진 것이요, 국적國賊을 신원伸寃한 것은 충신과 역적의 분간이 혼동된 것이요, 호전胡錢의 사용은 중화와 이적夷狄의 구별이 어지러워진 것이다. 다만 이 두세 가지 조건이 한 덩어리가 되어 천리와 인륜이 진실로 모조리 없어져서 다시 남은 것이 없게 되었다. 더욱이 토목공사와 원납전願納錢의 따위가 서로 안팎이 되어, 백성에게 재앙이 되고 나라의 화를 불러온 근본이 된 지 수년이 되었다. 이것이 선왕의 옛법을 변경하고 천하의 인륜을 무너뜨리게 한 것이 아니고 무엇이겠는가. 그러므로 신은 삼가 생각건대, 전하를 위하여 오늘날의 시급한 일을 논한다면 만동묘를 복구하지 않을 수 없고, 중외中外의 서원들을 전대로 거행하지 않을 수 없고, 귀신에게 출후하는 것을 금하지 않을 수 없고, 국적國賊이 신원된 것을 추율追律하지 않을 수 없고, 호전胡錢의 사용을 혁파하지 않을 수 없으며, 토목공사나 원납전 같은 것에 이르러도 한 시각이라도 그대로 둘 수 없다고 여기는 것이다.

대원군에 의해 이루어진 다섯 가지, 곧 만동묘 훼철, 서원 혁파, 귀신에게 출후한 것, 국적國賊 신원伸冤, 호전胡錢 사용 등의 폐단을 제시한 뒤 조목별로 그 시정을 요구한 것이다.

앞서 대원군의 개혁정책 가운데 가장 과감한 조치가 서원철폐였다. 대원군은 집권 초기부터 서원과 향사鄕祠의 폐단을 직시하고 그에 대한 조치를 강구해 나갔다. 그는 고종 원년 7월부터 대왕대비의 명을 빌어 전국의 서원과 향사의 실태를 조사하고 그 존폐문제를 논의토록 한 뒤, 8월에는 서원과 향사의 폐단을 상세히 적발하여 처분하고 사설私設이나 남설濫設을 금지하는 처분을 내렸다. 원래 서원은 17세기 이래로 지방 교육과 학문 수양에 기여해 왔지만, 지방 양반 유생들의 활동 근거지가 되고 그 세력이 커지면서 많은 민폐를 가져오게 되었다. 서원은 많은 토지와 노비를 점유하여 면세의 특권을 가졌을 뿐만 아니라 피역자避役者의 소굴로 화하여 있었다. 한편, 향사는 향촌과 인연을 가진 인물이나 조상을 제사하는 곳으로 이 역시 많은 토지와 노비를 소유하였을 뿐만 아니라 후기로 올수록 그 수가 늘어나 여러 가지 폐단을 낳고 있었다. 대원군은 중앙조정의 권위를 잠식하며 백성들을 억압 침탈하고 있던 서원과 향사를 철폐 정리함으로써 지방 양반 유생들의 발호를 차단하고 백성들의 사기를 진작시키는 한편 세수 증대를 꾀하고자 하였다.

서원철폐의 단서는 1865년 3월의 만동묘萬東廟 철폐로부터 비롯되고 있다. 충북 괴산의 화양동 계곡에 있던 만동묘는 이웃한 화양동서원과 함께 노론세력의 본거지로 전국의 서원과 향사 가운데 가장 많은 물의를 야기하던 곳이었다. 원래 만동묘는 노론의 영수이던 우암 송시열의 유명遺命으로 권상하權尙夏가 명나라 마지막 신종神宗·의종毅宗 두 황제를 제사하기 위해 건립한 것이었으나, 제수전祭需錢의 명목으로 일반 백성을 심하게 착취하였던 것이다.

만동묘가 철폐되자, 삼가三嘉 출신의 유생 권숙權潚은 성균관의 명륜당에 올라 관을 찢어버리고 통곡하며 돌아갔고, 청주 영장營將 양주석梁柱石은 선화당宣化堂에 나아가 통곡하며 관직을 버리고 돌아갔다. 그 뒤에 호남 선비 김건수金健秀·정해성鄭海晟, 홍문관의 송내희宋來熙, 호조참의 임헌회任憲晦, 그리고 화서 이항로 등이 모두 만동묘 철폐에 항의하고 복설復設을 강력히 요청했다. 이때 면암이 다시 한번 만동묘 철폐의 부당성을 지적하며 복설할 것을 주장한 것이다.

'귀신에게 출후出後한 것'이라 함은, 대원군의 뜻을 받든 선보도유사璿譜都有司 이재만李載晩이 종친에게 금전을 강제 징수하여 인조의 넷째 아들로 5세로 요절한 용성대군龍城大君에게 출후하기를 자원한 것을 말한다. 이것을 필두로 갓난아이 때 요절한 대군·왕자 가운데 후사가 끊어진 경우에 이미 죽은 지 1~2백 년이 지나 출후한 자가 흔히 있었다. 면암이 그 부당성을 통렬히 지적한 것이다.

'국적國賊을 신원했다'고 한 것은 철종조에 판서 김수근金洙根의 연청筵請으로 갈암葛菴 이현일李玄逸의 관직이 복구되고 1871년에는 시호를 받게 된 것을 비롯하여 대원군 집권기에 들어와 1864년 대사면 때 인조반

정으로 관직이 추탈된 한효순韓孝純과 갑술옥사로 5년간 찬배된 목내선睦來善이 함께 신원된 것을 말한다. 대원군의 위세에 눌려 그 부당성을 지적하지 못하였는데, 면암이 상소에서 그 문제를 제기하게 된 것이다.

이른바 '호전胡錢 사용'이란 것은 나라의 부족한 재정을 충당하기 위해 청나라 동전을 수입하여 사용한 것을 말한다. 대원군정권에서 발행하던 당백전이 일반의 공신력을 잃고 가치를 하락시켰을 뿐만 아니라 물가도 앙등시켜 서민생활을 압박하게 되자, 대신에 중국에서 청전을 들여와 유통시켰던 것이다. 하지만 청전 또한 그 실제 가치는 상평통보의 3분의 1에 지나지 않는 악화였고 유통량도 300~400만 냥으로 당시 통용되던 상평통보의 10분의 3~4에 해당되었다. 청전 역시 화폐가치를 하락시키고 고물가를 일으켰으나 당백전보다 실익이 훨씬 커서 대원군이 정권을 잡고 있을 때에는 계속 사용되었던 것이다. 고종은 면암의 소청을 받아들여 대원군이 하야한 직후인 1874년 1월에 청전의 통용을 금지하는 영을 반포하였다.

이상과 같은 5개 조목의 시정 요구에 이어 면암은 고종의 친정 촉구와 함께 종친의 정치 간여를 금지할 것을 요구함으로써 사실상 대원군의 퇴진을 직접 촉구한 것이었다.

정령政令을 거행함에 실행해야 될 일은 사나운 천둥이나 맹렬한 바람의 기세처럼 즉시 거행하고, 버려야 할 것은 못을 자르고 쇠를 끊는 것처럼 용기 있게 즉시 버려서, 널리 호령을 내리어 조정을 깨우쳐 가다듬게 하라. 그리고 도를 세워 의혹되지 않고 덕성을 도야시키는 일은 어진 스승

면암의 초상(73세)

에게 맡기고, 백관을 진퇴시키고 음양을 섭리함은 대신에게 맡기라. 실수를 보완하고 허물을 규탄함은 양사에 맡기고, 논사論思하고 계발하여 성상의 덕을 보양輔養함은 유신儒臣에게 맡기라. 군사를 훈련시키고 무비를 갖추어 적의 침입을 막는 것은 수신帥臣에게 맡기고, 전곡을 출납하여 군국軍國의 일에 쓰게 하는 것은 유사有司에게 맡기고, 효렴孝廉을 뽑아 천거하고 사류士類를 수습하는 일은 도신道臣에게 맡기라.

그 어떤 지위에도 있지 않고 친친親親의 열列에만 속한 사람에 대해서는 다만 지위를 높이고 녹을 많이 주고 호오好惡를 같이할 뿐이요, 나라 정사에는 간여하지 말게 하기를 중용中庸 구경九經의 교훈과 논어의 '지위를 벗어나 정사를 논한다.'는 경계처럼 하여 어기지도 말고 잊어버리지도 말라. 날마다 새롭고 또 새롭게 하여 이미 무너진 인륜을 세우고 장차 위태로워질 국세를 안정시키면 생민은 태평한 즐거움을 만나게 되고 종사는 만년의 향사享祀를 누릴 것이다. 그러면 전하는 요순 같은 임금이 될 것이니, 대소·원근의 신민이 모두 다행이겠다.

면암의 상소가 올라온 그날부터 고종은 친정을 서둘렀다. 위의 상소가 나온 당일인 11월 3일 밤 시원임대신을 불러서 서무庶務 친재親裁 건에 대해 조보朝報로서 반포할 것을 명하였다. 그러나 1866년 2월 조대비의 수렴청정이 철폐된 이상 이미 서무를 친재하고 있는 셈이므로 다시 그 사실을 반포할 필요가 없었기 때문에 조보 반포의 영을 철회하였다. 고종은 결국 이 날을 기하여 친히 정권을 장악하게 되었다.

고종의 친정 움직임에 당황한 대원군은 이를 저지해 보려고 하였으나 뜻을 이루지 못하였다. 대원군의 10년 전횡에 대해 관민이 모두 혐오감을 갖고 있는 것처럼 보였다. 대원군은 할 수 없이 병이라 칭하고 운현궁을 떠나 자하문 밖 삼계동三溪洞(종로구 부암동에 있던 마을) 산장, 곧 석파정石坡亭으로 물러났다. 그 뒤 대원군은 예산군 덕산에 있는 부친 남연군의 묘소를 참배한 다음 양주군 직곡산장直谷山莊으로 은퇴하고 말았다. 직곡산장은 현재 의정부시 가능동의 '고든골'에 있었으나, 지금은 그 터만 남아 있다.

한때 일부 유생들은 국왕이 대원군에게 서울로 돌아올 것을 친히 간청하도록 요구한 적이 있었다. 하지만 고종의 입장은 단호하고도 강경하였다. 이를 허락지 않았을 뿐만 아니라 오히려 앞으로 대원군의 귀경을 청하는 자가 있으면 '범상부도犯上不道'의 중죄로 다스리겠다고 하였다.

국왕이 친정하게 되면서 대원군으로부터 중용되었던 좌의정 강로, 우의정 한계원은 곧 체임되었다. 그 대신 이유원이 영의정, 박규수가 우의정으로 임명되었다. 그리고 민씨 척족의 중심인물인 민규호가 이조참판으로, 조대비의 조카 조영하가 금위대장으로 발탁되었다. 그리고 면암이 상소한 내용을 수용하여 정책에 반영하였다. 그 결과 가혹한 조세와 부과금을 탕감하고, 대규모 토목공사를 중지하였으며, 청전淸錢의 사용을 금지하였다. 대원군의 10년 세도는 이와 같이 면암의 탄핵상소로 일시에 종언을 고하게 되었던 것이다.

이상에서 살폈거니와, 면암은 성리학적 규범을 준거로 삼아 올린 세 차례의 상소로 대원군을 몰락시켰다. 1866년에 스승인 화서가 올린 상소를 이어 1868년에 올렸던 면암의 상소는 대원군 탄핵의 전주곡이었으며, 그 뒤 1873년 10월, 11월에 연이어 올린 두 차례 상소로 말미암아 대원군은 즉시 권좌에서 물러나지 않을 수 없게 되었다.

제주도 위리안치

면암이 대원군을 탄핵하는 상소를 올리자, 앞에서 보았듯이, 문안을 먼저 열람한 대원군은 면암의 동문 선배인 양헌수를 내세워 상소문 가운데 민감한 사안을 논한 문구들을 삭제해줄 것을 종용하였다. 이에 양헌수는 면암에게 편지를 보내와 '다른 일은 언급하지 말고 현직現職만 사양하라.'는 뜻으로 누누이 부탁하였다. 면암과 교분이 두터웠던 동문인 홍암弘菴 박경수朴慶壽도 면암이 두번째 상소를 올리려 할 즈음에 황급히 편지를 보내오기를,

> 재앙이 벌어질 빌미가 박두하였는데 어느 겨를에 안부 인사를 갖추겠는가. 지금 일의 기틀이 풍파가 가라앉지 않았는데, 또 황묘皇廟의 일 및 종실의 후사를 세우는 것과 국적國賊 신원에 관한 것 등을 장황하게 말하게 되면, 성상이 사지死地에서 구해주고 싶어도 손을 쓸 수가 전혀 없을 것이다. 모름지기 다른 일을 거론할 것이니, 연전 송도松都의 능행陵幸 때에 반열에 참여한 병관兵官이 호종을 잘하지 못한 것과 어공御供을 제때에 올리지 못한 등의 일과 금번에 도신道臣(경기감사를 말함)이 봉소封疏를 막아버린 일 같은 것으로 모호하게 미봉하여 '인륜이 무너졌다'고 말한 처음 상

소의 주해로 삼는 것이 좋겠다.

라고 하여 대원군을 겨냥한 직언의 위험성을 경계하면서 이를 극구 만류하였다. 그러자 면암은 이러한 충고에 대해

오늘날의 일은 전례의 어투로 말할 수 없는 것인데, 시배時輩가 바야흐로 '인륜이 무너졌다'고 한 네 자를 기화奇貨로 삼아 부회하고 만연하여, 기어코 천하에 다시 없는 큰 악인으로 몰아넣으려 하니, 침묵을 일삼는 것으로 스스로 쓰러지는 환난을 용납받을 수 없다. 그리고 일전의 짤막한 상소도 한바탕 유쾌한 말을 하여 사공事功에 도움이 없게 하려는 것이 아니다. 실로 성상의 마음이 만에 하나라도 뉘우치기를 기대하여 말을 다했을 뿐이었다. 설령 뜻밖의 화가 닥친다고 해도 모두 처음 상소에 근거할 것이며, 재차의 과격한 상소 때문에 죄가 더해지지는 않을 것이다.

라고 하여, 자신의 단호한 입장과 각오를 밝히고 한 자구의 수정도 없이 원안 그대로 상소했던 것이다.

상소 후 면암은 포천으로 돌아갔다. 하지만 면암 역시 상소 여풍에 시달리지 않을 수 없었다. 상소의 격렬한 문구를 들어 언론·감찰을 담당한 삼사三司에서는 "존왕의 의를 빙자하여 패륜을 내세운 것이고 신하의 언사言辭로서 참을 수 없는 데까지 침노한 것이며 신하의 본분을 망각한 죄를 범한 것이니 엄벌에 처하라."고 요구하였다. 또 영돈녕부사 홍순목, 좌의정 강로, 우의정 한계원 등 시원임대신들도 처벌을 요구하였

다. 사실 면암의 상소 중에는 지나친 문구가 없는 것도 아니었고, 대신들의 처벌 요구가 워낙 강경했기 때문에, 고종도 어쩔 수 없이 면암의 찬배를 명하게 되었다.

찬배의 왕명이 떨어지기가 무섭게 삼사와 대신들은 국청을 설치하고 죄상을 밝혀서 형률을 신속하게 시행하기를 청하였다. 그들이 죄목으로 지적한 것은, 만동묘를 다시 설치하라는 것과 친친親親의 반열에 대한 논의 이하 몇 구절이었다.

포천에 물러나 있던 면암은 11월 6일 국왕의 명을 받기 위해 길을 나섰다가 도봉산 자락에 있던 누원점樓院店에서 구인되었다. 고종은 혹시 중간에 사단이 생길까 염려하여 새로 양헌수를 좌포장左捕將으로, 백낙정白樂貞을 우포장으로 임명하여 면암을 보살피게 조치하였다. 면암은 결국 11월 8일 의금부에 감금되었다. 이날 면암이 체포되어 오는 것을 보고 도성민들은 분통함을 참을 수 없어 길거리에 나와서 통곡하였다고 한다.

그날 늦게 특별 재판정이라 할 수 있는 국청이 열렸다. 재판장격인 위관委官에는 영돈녕부사 홍순목이 지명되었다. 그리고 판의금부사 김세균, 지의금부사 박규수, 동의금부사 황종현·심승택, 좌포장 양헌수, 우포장 백낙정, 대사헌 서당보, 대사간 윤자승 등이 국문관으로 참관하였으며, 그 밖에 오늘날 법원 서기격인 문사낭청問事郞廳에는 조우희·유석·홍건식·박용대 등이 입회하였다.

위관이 상소 가운데 5개 조를 비롯한 종친의 국정 관여 금지 주장 등의 구절을 차례로 거론하며 심문하자, 면암은 다음과 같이 답변하였다.

이 몸은 나이 41살에 일찍부터 국은을 입어 사적仕籍에 올랐으니, 온몸이 모두 나라의 큰 은덕인데, 조금도 갚지 못하고 오늘에 이르렀다. 근년 이래로 시골에 물러가 있으면서 폐척廢斥된 것을 분수에 달게 여기고 시사에 간여하지 않았다. 그러나 항간에 떠도는 말을 듣고 시세를 참작해 보면 국운의 어려움과 민생의 위급함이 이때처럼 심한 적이 없으므로 하찮은 정성이나마 그만둘 수 없었던 것이다. 마침 성상께서 치세治世를 원하는 마음이 있어 천한 사람의 말을 받아들이고 파격적인 은전을 내리니, 이른바 '미묘한 도심道心의 본체와 발현하는 천리의 묘용妙用'이라는 것으로 옛날에 찾아보아도 견줄 만한 것이 드물었다.

이에 고루한 성품이 은권恩眷을 망령되이 믿어 스스로를 헤아리지 않고 감히 전에 올린 상소에서 다하지 못한 말을 부연하고 더 보태어 횡설수설 장황하게 늘어놓았으니, 임금께 올리는 문자에 심히 합당하지 않은 것은 알고 있다. 그러나 그 마음을 캐어보면 결단코 임금을 사랑하고 나라를 걱정하는 일념에서 나온 것이지 다른 뜻은 없었다. 간혹 과격한 발언과 불경한 언사는 옛글만 읽어 변통할 줄 모르고 시골뜨기의 문견이 상소 격식을 익히지 못한 소치이며 별도로 다른 뜻은 없었다. 이것으로 죄를 삼는다면 상제上帝가 위에서 질정質正하고 귀신이 옆에서 지켜볼 것이다. 그 밖에 아뢸 만한 사연은 없다.

요컨대, 면암은 자신이 올린 상소는 임금을 사랑하고 나라를 걱정하는 일념에서 나왔을 따름이며, 상소문 가운데 산견되는 과격한 발언과 불경한 언사는 격식을 갖추지 못한 소치에 불과하다는 주장으로 진술한

제주에 유배되었을 때 면암이 출입한 해남 이진항

것이다.

국청이 열린 지 이틀 뒤인 11월 10일 면암을 제주도에 위리안치하라는 명이 내렸다. 12일 밤에 의금부에서 풀려난 면암은 다음날 한강을 건너 유배지로 향하였다. 면암이 감옥에서 나오자 도성민들은 뛸 듯이 기뻐했으며, 남녀노소 없이 모두 면암을 보기 위해 길가에 사람들로 넘쳐났고, 심지어는 주찬酒饌을 준비해 와서 대접하는 이가 많았다고 한다.

면암은 가마 한 채를 빌려서 유배길에 올랐다. 그를 따르는 사람으로는 족인族人 한 명과 청지기傔從 한 명뿐이었다. 맏아들 최영조崔永祚는 과천까지 와서 울며 작별을 고하고 포천으로 돌아갔다.

면암이 제주도 유배길에 오르자 여러 지인들이 그를 위로해 주었다. 동문인 홍암 박경수는 숭례문 밖에 나와서 면암을 전송하며 노자도 보태주었다. 홍암은 면암이 의금부에 투옥되자 살아서 옥문을 나오지 못할 줄 알고 제문祭文까지 지어 두었다고 한다. 양헌수는 의복과 노자를 은밀하게 보내와 면암을 위무해 주었다. 포천 영평에 있던 명사인 수산繡山 유진원俞進源은 포천 본가에 "만고에 그대 홀로 섰으니萬古君獨立 / 온 누리에 명성이 크도다宇宙聲名大"라는 구절의 고시古詩를 보내와 그의 의절義節을 기렸다.

　선사 화서 사후에 누구보다 면암을 아꼈던 중암 김평묵은 면암의 찬배 소식을 듣고 칠언절구 두 수를 지었다. 면암의 충의를 기리는 한편, 그에게 유배형을 내린 무리에 대한 통한을 읊었던 것이다. 그 가운데 한 수를 보면 다음과 같다.

최공의 충의는 귀신도 알고	崔公忠義鬼神知
몇 차례 은총의 성지가 내렸어라	幾度恩言降玉墀
눈 덮인 산중에서 잠 못 이루는데	雪滿山中人不寐
신하는 강하고 임금은 약하니 이 어떤 때이런고	臣强主弱此何時

　공주에 유거해 있던 당대의 산림인 고산鼓山 임헌회任憲晦도 시를 지어 면암의 공석을 칭송하고 또 위로하였다. 고산은 면암보다 22세나 많았지만 평소 면암을 존경하여 이름을 바로 부른 적이 없었다고 한다.

만대토록 우러러볼 터인데	萬代猶瞻仰
하물며 같은 세상 사람이랴	矧爾竝世人

| 두렵고 부끄러운 말이지만 | 骨寒顔厚語 |
| 주려고 해도 인연 없으니 한스럽네 | 欲贈恨無因 |

    면암은 11월 28일 이진梨津(현 해남군 북평면 이진) 포구에 도착하였다. 제주도로 들어가기 위한 뱃길이 이곳에서 시작되기 때문이었다. 1840년 추사 김정희도 이 포구에서 배를 타고 제주도로 떠났다. 면암은 12월 3일 이곳에서 배를 타고 70리를 가서 소안도所安島에 도착하였다. 그리고 이튿날 첫새벽에 배를 띄워 당일 오전에 제주 조천포朝天浦에 도착하였다.

    제주도 도착 다음날인 12월 5일 면암은 부내府內로 들어가서 윤기복尹奇福의 집에 숙소를 정하였다. 제주목사 이복희李宓熙가 위리圍籬를 감시하고 일상생활 물품은 관아에서 조달해 주었다. 면암은 문밖 출입을 삼가한 채 집안에서 독서로 소일하며 조용히 지냈다. 육지에서 가져간 『주자서朱子書』를 읽었으며, 제주향교에 소장된 『우암집尤菴集』도 빌려서 보았다.

    면암은 제주도에서 1875년 3월까지 1년 3개월 동안 유배생활을 했다. 그간에 안달삼安達三·김희정金義正·강기석姜基碩·김용징金龍徵·김훈金壎·김치용金致瑢·김양수金養洙 등 현지 학자들이 면암을 종유하였다. 그리고 호서湖西 사람 맹문호孟文浩·최영환崔榮煥, 호남 사람 최승현崔勝鉉·박해량朴海量·김효환金孝煥·김형배金衡培·안진환安璡煥·이필세李弼世 등이 바다를 건너와서 면암을 문후했던 대표적인 인사들이다.

    귀양살이를 하는 동안 면암은 유배지 부근에 있던 송시열의 유배지를 찾아 우옹적려비尤翁謫廬碑를 보았고, 천일정天一亭(제주시 건입동에 있던

제주도 유배시 면암이 하선했던 조천포구

누정)과 운주당運籌堂을 거쳐 귤림서원橘林書院 옛터를 둘러보았다.

 면암이 유배에서 풀려난 것은 1875년 3월 16일이었다. 중앙에서 석방을 명하는 공문이 이날 도착하였으므로, 판관 이시현李時鉉이 공복을 갖추고 위리圍籬를 철거하였다. 이후 면암은 한 달 동안 제주도에 머물며 명승지를 탐방하였다. 유배에서 풀려난 그는 다시 귤림서원을 찾아 우암 등 5인의 배향선현에게 제사를 올렸다. 3월 27일에는 한라산에 올라 백록담과 천불암千佛巖 등의 명승을 두루 구경하였다.

 면암이 제주도를 떠난 것은 4월 12일이었다. 이날 어두워질 때 별도진別刀鎭(현 제주시 화북동)에서 배를 타서 꼬박 이틀을 항해한 끝에 해남 이진항에 내릴 수 있었다. 문인 김희정金羲正과 하인 한 사람이 면암을 따랐다. 면암은 3년간에 걸친 귀양살이의 감회를 별도진을 떠나면서 다음과 같이 읊었다.

낙도에서 몇 해를 세상과 등졌던가 　　　幾年絶域隔紛塵
사월 남풍에 우로마저 새로워라 　　　　四月南風雨露新
산 안개 걷히고 파도는 고요하여 　　　　山靄都收波面靜
한바탕 유람하는 사람이 되었구려 　　　一場快做壯遊人

개항 반대 국론의 선도 03

도끼를 메고 개항 반대

육지에 당도한 면암은 먼저 장성에 들러 호남의 대학자인 노사蘆沙 기정진奇正鎭(1798~1879)을 찾아 문안을 드렸다. 이때 노사는 78세의 노유老儒였다. 일찍이 면암은 노사의 학덕을 존경해왔는데, 제주도에 유배되어 있는 동안에 제주도 조천 출신의 노사 문인 안달삼과 교유한 것이 인연이 되어 노사의 학문을 접할 수 있었다. 면암은 주리적 관점에서 노사의 학문이 선사인 화서의 학문 요체에 근접해 있다는 사실을 알고, 손수 노사의 저술을 정리하여 2책으로 만들었을 만큼 매우 존숭하였다.

노사를 배알한 뒤 면암은 태인으로 올라가 무성서원武城書院을 참배하였다. 호남 제일의 이 서원은 면암의 선조인 고운 최치원을 제향하던 곳으로, 면암은 뒷날 바로 이곳에서 의병을 일으켰다. 이후 집으로 돌아간 면암은 1876년 1월 개항 반대 상소를 올릴 때까지 몇 달간 고향 포천에 칩거해 있었다.

노사 기정진의 묘(전남 장성)

　면암은 개항 여부를 둘러싸고 국론이 분분하던 1876년 강화도조약 때 다시 한번 역사의 전면에 우뚝 서게 되었다. 조선이 강제적으로 개항을 할 수밖에 없었던 강화도조약의 체결은 일본제국주가 조선 침략을 위해 교두보를 확보하게 되는 것이었다. 그 시대적 배경과 과정을 보면 그러한 성격과 정황을 확실하게 인식할 수 있다.
　조선의 개항을 강요할 목적으로 1875년 5월 일본 정부가 파견한 운요호雲揚號 등 군함 3척은 동래 앞바다에서 함포사격을 가하며 무력시위를 감행하였고, 함경도 영흥만까지 북상하였다가 돌아갔다. 다시 3개월 뒤 서해안을 거슬러 올라온 운요호는 강화도 초지진과 영종도 영종진을 포격해서 파괴하였고, 약탈과 살상까지 서슴지 않는 만행을 저지른 뒤 물러났다.

1854년 미국 페리Mattew C. Perry 제독이 이끌고 온 흑함黑艦의 무력시위 앞에 무릎을 꿇고 개국한 일본은 그 경험을 활용해서 조선을 개항시키려고 하였다. 일본 정부는 왜관의 거류민을 보호하고, 운요호에 포격을 가한 책임을 묻기 위해 군함과 전권대표를 파견한다는 결정을 내렸다. 이에 육군중장 구로다 기요타카黑田淸隆가 특명전권변리대신으로 임명되어 8척의 군함을 이끌고 조선으로 와서 강화도에 4백 명을 무단 상륙시키고 무력으로 위협하며 회담을 강요하였다.

조선 정부는 그 대책을 논의한 끝에 박규수의 추천을 받아 신헌申櫶을 접견대관接見大官으로 임명하여 강화도로 급파했다. 구로다는 회담에 앞서 함포사격 등으로 조선 대표들에게 위압을 가하였다. 또 자신이 제시한 13개의 조약 초안을 조선 정부가 수용해야 하며, 그렇지 않으면 군대를 인천과 부평에 상륙시키겠다고 위협하였다.

무력시위에 놀란 조선 정부는 일본의 조약 초안을 놓고 연일 회의를 거듭하였지만, 조약의 체결 여부를 쉽게 결정할 수 없었다. 운현궁에 돌아와 있던 대원군은 협상 자체를 강력하게 비판하였고, 많은 대신들도 일본이 겉으로는 수호를 말하지만, 정황은 오히려 싸움을 하려는 것 같다는 의견을 내놓으며 척화를 주장하였다. 양반 유생은 물론이며 일반 백성까지도 조약 체결을 극구 반대하였다.

이처럼 제국주의의 침략적 성격을 수반한 강화도조약의 체결 반대를 주장하는 주전척화론이 비등할 때, 그 국론을 대변하고 선도했던 인물이 곧 면암이었다. 면암은 이때 도끼를 메고 경복궁 뜰에 엎드려 화의를 배척할 것을 주장한 상소라는 의미에서 이름붙인 「지부복궐척화의소持

斧伏闕斥和議疏」를 올려 개항 반대의 당위성을 역설하면서 국론을 대변하였던 것이다.

면암은 개항 반대 상소를 위해 1876년 1월 19일 서울 도성에 들어와 관소를 정한 뒤 소疏를 지었다. 이때 면암의 종제인 초운樵雲 최정현崔鼎鉉이 면암을 수행하여 상소하는 일을 처음부터 끝까지 함께 거들었다.

1월 22일, 면암은 중봉 조헌의 고사를 본받아 도끼를 가지고 광화문 밖에 나아가 엎드려 승정원에 상소를 올리고 노숙하면서 밤을 지새웠다. 다소 장문이지만, 당시 일반 백성의 반대 정서를 대변했던 그 상소의 요지를 소개하면 다음과 같다.

신은 들사오니 화친이 저 나라가 애걸하는 데서 나온즉 강한 것이 내게 있어서 내가 족히 저 나라를 제어할 것이요 그 화친을 가히 믿으려니와, 화친이 내가 약한 것을 보이는 데서 나온 것이라면 권세가 저 나라에 있어 도리어 우리를 제어할지니 그 화친을 믿지 못할지라. 금일 화친이 저 나라가 애걸하는 것이옵니까, 우리가 약한 것을 보이는 데서 나온 것입니까. 우리가 방비 없이 겁이 나서 화친을 구하는 것은 사람마다 다 아나니 저 나라가 방비 없이 약함을 알고 우리와 화친한즉 한량없이 구하는 욕심을 어찌 채우리요.

내 물건은 한이 있고 저 나라의 구함은 말지 아니 하리니 한번이라도 아니 주면 노함에 전공前功이 없으리니, 이것이 화친하면 망할 일 한 가지요.

하루라도 화친한즉 저놈의 소욕所欲이 물화物貨 상환相換하기에 있음에 저 나라 물건은 다 손으로 아로새기어 한이 없는 것이요, 우리나라 물건은 다 백성의 먹고 입는 것이니 땅에서 나서 한이 있는 것이라, 한 있는 진액津液으로써 한없는 어린아이나 속일 무용지물을 상환함에 해마다 억만금으로 회계한즉 몇 해가 못하여 전국 수천 리에 황주패옥荒疇敗屋이 되어 다시 지탱치 못하고 나라도 망할지라, 이것이 화친하면 망하는 일 두 가지요.

저놈이 명색은 왜인이나 실상은 양인洋人이라 화친을 한번 하면 천주학 책과 천주의 화상이 혼잡히 매매되어 선생·제자로 전수傳授하여 일국에 편만遍滿할지니 포청捕廳으로 잡자 한즉 저놈이 분노하여 화친 맹세가 허사될 것이요 임타任他하여 두자 한즉 집집마다 사람마다 천주학에 환장되어 부자군신·오륜삼강이 영절永絶하여 금수가 될지니, 이것이 화친하면 망하는 일 세 가지요.

화친한 후에 저놈이 하륙하여 왕래하고 혹 경내에 집을 짓고 살고자 한즉 내가 벌써 화친을 허락하였음에 막을 말이 없고 막지 못하여 임타한즉 재물과 부녀의 겁탈을 제 마음대로 할 것이니 누가 막으리오. 또 저놈은 면모는 사람이나 심장은 짐승이라 조금이라도 합의치 아니 하면 사람 죽이기를 기탄없이 할 것이니 효자와 열녀가 부모나 가장을 위하여 복수하려 한들 윗사람이 화친에 허사됨을 염려하여 감히 송사를 결단치 못할지니 이런 일을 종일 못하여도 못다 할 것이므로 인륜이 없어지고 백성이 하루도 살지 못할 것이니, 이것이 화친하면 망하는 일 네 가지요.

화친을 창론倡論하는 자는 거개 병자년 남한산성 일을 인증引證하여 왈 "병자년에 청국으로 더불어 화친한 후에 피차 화합하여 천리봉강千里封疆이 지금껏 반석같이 편안하니 금일에 저 나라와 화친하면 그 어찌 홀로 그렇지 아니 하리요." 하나니, 신은 이르되 이는 어린아이의 소견과 같으니 병자년 화친도 대단히 의리에 손상한지라, 이런 고로 문정공 신臣 김상헌과 충정공 신 홍익한 같은 이가 죽기로 간하였거니와, 그러나 청인은 중국에 천자 노릇하여 사해를 진무하기에 뜻이 있는 고로 오히려 중국 패왕의 일을 본받아 소국이 대국으로 섬긴즉 피차 화합하여 관대한 도량이 있고 침략하는 걱정이 없었거니와 저놈은 단지 재물과 여색만 알고 한 푼도 도리는 없은즉 금수와 같은지라, 사람이 금수로 더불어 화호和好하여 떼지어 같이 있으면서 해를 아니 보고 근심 없는 이치는 없사오니, 이것이 화친하면 망하는 일 다섯 가지입니다.

잠깐 대강 말씀함에 이러하오니 동서를 분간하는 자는 가히 그 오계五戒인 줄을 알 것인즉 하물며 화친한 후에 가령 걱정이 없을지라도 신의 소견에는 대단히 틀린 일이 있사오니 우리나라는 기자 같은 성인이 가르치시고 대명大明 천자의 법을 쫓아 태조대왕 이래로 예의를 환연히 밝혀서 내려오는 나라를 어찌 일조에 서양국 금수에게 비하게 하오리까. 자래로 국권을 주장主掌하여 이 의론을 하는 자는 진회秦檜·손근孫近 같은 무리들이 다 편하게 제 몸만 보존하고 제 처자만 보존할 계책으로 이런 무상한 일을 하다가 임금에게 악명을 끼치는 것이로소이다. 슬프다. 신하 되어 임금을 섬김에 마땅히 옳고 착한 일로 요순 지위가 되시게 할 것이거늘 도리어 망할 계책으로 임금을 만 길 구덩이에 빠지시게 하니 천하의 지극한 불충지신이 아니면 어찌 차마 하오리까.

위의 상소문은 면암의 연보를 바탕으로 일생의 전기를 순 한글로 정

면암의 필적(1876)

리한 『면암선생사실기』에 나오는 대목을 그대로 소개한 것이다. 그리고 상소의 마지막에는 "신의 말이 그렇지 아니 할진대 이 도끼로 신을 베어 금수의 노예가 되지 아니 하고 옳은 귀신이 되게 하여 주옵소서"라고 하여 자신의 강경한 뜻을 다시 한번 천명하였다.

한편, 같은 시기에 화서학파 동문 후배도 서울에 올라와 면암과 별도로 개항 반대 상소를 올렸다. 곧 유인석·홍재구·유중악 등 경기·강원도에 거주하던, 중암 김평묵과 성재 유중교 문인 47명이 연명으로 개항을 반대하는 「절화소絶和疏」를 올렸다. 면암의 '지부상소持斧上疏'와 중암·

성재 문인들의 「절화소」는 동일한 시대상황에서 학문적 연원을 같이 하면서도 전자는 출사出仕한 처지에서, 후자는 순수 재야의 입장에서 나온 것으로 근대사에서 중요한 의미를 가지고 있다. 화서문파는 곧 전력을 투입하여 개항에 철저하게 반대했던 셈이었다.

「절화소」의 경우에서도 마찬가지지만, 면암은 위 상소문에서 화서학파의 학문 요체인 춘추대의적春秋大義的 존화양이론尊華攘夷論의 입장을 견지하면서 이를 바탕으로 정치·경제·사회·문화 등 여러 방면에서 일제의 침략 야욕을 미리 간파하고 있었다. 위 상소문에서 역설한 개항 반대 이유 다섯 가지를 정리해 보면 다음과 같다.

첫째, 일본 제국주의의 침탈 야욕은 그 속성이 무한정하므로 개항 후 결코 그 야욕을 모두 채워줄 수가 없다. 둘째, 개항 후 우리의 유한한 토산품과 일제의 무한한 공산품 양자 간에 교역이 이루어지게 되면, 우리나라의 재정은 파탄지경에 빠져 일제에 철저하게 예속되고 말 것이다. 셋째, 왜는 금수와 다름없는 서양과 일체이기 때문에, 개항 후에는 서양의 천주교가 조선 전토에 범람하여 유교의 윤리·도덕적 질서가 붕괴될 것이다. 넷째, 제국주의의 야수적 침략 속성으로 인해 개항 후에는 재물을 약탈하고 부녀를 겁탈하는 등 반인륜적 침탈행위가 자행될 것이다. 다섯째, 지금 일제와의 화친문제는 사람으로 남느냐 짐승으로 전락하느냐 하는 이른바 '인수人獸'의 문제가 달려 있기 때문에, 과거 청나라의 침략으로 야기된 중화와 오랑캐, 곧 '화이華夷'의 문제였던 병자호란과는 그 본질이 다른 것이다. 곧 일제와 개항하게 되면, 삼천리 강토가 금수와 같은 세상으로 전락하게 될 것이라고 예단한 것이었다.

면암은 이처럼 개항이 가져올 일제의 야만적 침략 속성을 확실히 간파하고 이를 경고하였다. 그의 주장과 논지가 비록 성리학의 보수적 사상에 기초하고 있었다고 할지라도, 면암은 제국주의가 가진 잠재적·현실적 위험성을 확실하게 통찰하고 있었다는 점에서 그 역사적 의의가 크다고 할 수 있다. 또 면암이 간파한 일제의 국권 침탈상은 그 후 역사적 전개상황에서 그대로 입증되었다. 이처럼 일제의 침략성을 확신한 면암이었기에, 목전에서 벌어지는 역사적 상황을 결코 좌시할 수 없었고, 도끼를 메고 자신의 목숨을 담보로 했을 만큼 절박한 심정으로 상소를 한 것이었다. 일제의 야만적 침략성 간파와 경고, 면암이 갖는 역사성의 제일의는 바로 여기에 있다고 할 것이다.

면암에서 보듯이 국론의 압도적 반대에도 불구하고, 개항 곧 제국주의와의 '화친'은 이루어지고 말았다. 1876년 2월 3일 강화도 연무당에서 조선 대표 신헌과 일제의 구로다 기요타카 사이에 흔히 병자수호조약이라고 불리는 12개 조항의 조일수호조규朝日修好條規가 체결되었다. 이로써 양국 간에는 새로운 외교관계가 성립되었지만, '양국이 영원히 신의를 가지고 준수'해야 할 조약은 근본적으로 불평등하고 타율적인 성격을 가졌다. 그 결과 일본은 한반도 침략의 탄탄대로에 들어서게 된 반면, 조선은 장차 식민지로 전락하지 않을 수 없게 되었다. 이때부터 일제는 1910년 대한제국을 병탄할 때까지 집요하고도 끈질기게 대한침략을 감행하였다.

흑산도 위리안치

면암은 개항 반대 상소를 올린 다음 날 의금부 감옥에 투옥되었다. 도끼를 가지고 어가御駕가 지나는 길목에 엎드려 상소한 것은 국왕에 대해 불손한 행위를 한 것으로 우선 문제가 되었던 것이다. 그리고 1월 25일에는 면암을 전라도 흑산도에 위리안치圍籬安置하라는 명이 내려졌다.

면암이 귀양을 가게 된 이른바 죄목은 그가 상소에서 왜양일체론을 주장하면서 임금이 사교邪敎를 물리칠 의사가 없는 것으로 여기고 나아가 임금을 무함하고, 위협하고, 꾸짖기까지 했다는 것이다. 곧 고종은 면암의 상소에 대해서

왜적을 제어하는 것은 어디까지나 왜적을 제어하는 일이요, 양이洋夷를 배척하는 것은 어디까지나 양이를 배척하는 일이다. 이번에 왜선倭船이 온 것이 어떻게 양이와 합동하였다고 정확히 알겠는가. 가령, 왜가 양이의 앞잡이가 되었다 하더라도 각자 사변에 대응할 방도가 있다. 그런데 최익현의 상소는 갑자기 내가 사교邪敎를 물리치기를 엄중히 하지 않은 것처럼 여겨 주창하여 온 세상을 미혹하려는 계책으로 이렇게 군부를 무함하는 말을 만들어 내어 방자하게 지적指斥하고, 지적하고도 부족하여 위협까지 하고, 위협하고서도 부족하여 꾸짖기까지 하였다. 그 안에 두세 구절의 말은 이것이 어찌 오늘날 신하로서 감히 말할 수 있는 것이며 차마 말할 수 있는 것인가.

라고 하교하면서, 그를 흑산도에 위리안치할 것을 명하였다고 한다. 조정 내외에서도 면암의 상소에 대한 비난이 연일 계속되어 그를 엄벌할 것을 주장하는 분위기가 팽배하였다. 이유원·김병학·홍순목·박규수·이최응·김병국 등의 시원임 대신들을 비롯하여 승지 서정순·이용원과 양사兩司의 이재경·이만도·신석구·오인영, 그리고 홍문관의 이재덕·김구현·김만식 등이 함께 연명으로 차자箚子를 올려 국청을 열 것을 주장하고, 심지어는 '무장無將(모반을 뜻하는 말)'·'불경不敬'·'난적亂賊' 등의 극언까지 구사하며 탄핵하였다. 하지만 고종은 더 이상 처벌을 결코 윤허하지 않았다.

면암은 1월 29일 의금부 옥문을 나와 숭례문 밖으로 가서 흑산도를 향해 길을 떠났다. 이때 그를 전송한 사람은 동문인 홍암 박경수와 주부主簿 이정직李定稙뿐이었고, 제주도 귀양 때와 마찬가지로 족인族人 최관현崔寬鉉과 청지기 김윤환金允煥이 면암을 따랐다.

2월 10일, 면암은 서울에서 860리 떨어진 다경진多慶津(현 전남 무안)에 이르렀다. 이곳 포구에서 배를 탄 면암은 돌고 도는 뱃길을 6일간 항해한 끝에 16일 소흑산도에 도착하였으며, 이튿날 문인주文寅周의 집에 관소를 정하였다.

면암이 흑산도에서 유배생활을 한 기간은 햇수로는 만 3년이었다. 1876년 2월 유배지에 도착한 뒤 1879년 2월 귀양살이에서 풀려날 때까지 면암은 소흑산도와 대흑산도를 수시로 내왕하면서 지냈다. 그가 먼저 배소를 정한 곳은 소흑산도였다. 이어 이듬해 4월 대흑산도에 들어가 40일간 체류한 뒤 다시 소흑산도로 돌아왔다. 같은 해 7월에 면암은

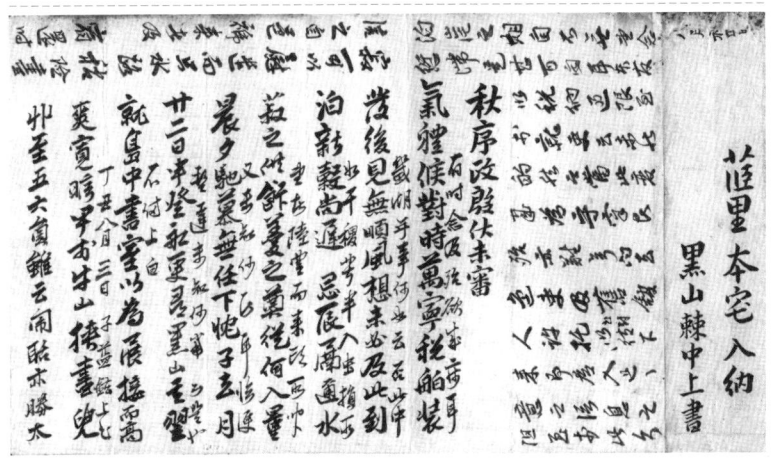
흑산도 유배시 부친에게 보낸 면암의 간찰(1877)

다시 대흑산도로 이거하여 그곳에서 1879년 2월 석방될 때까지 생활하였다. 결국 흑산도에 머문 3년간 면암은 소흑산도와 대흑산도에서 각기 1년 반 동안 지낸 셈이었다.

흑산도에 유배되어 있는 동안 문인사우 및 일가친척이 수시로 흑산도를 찾았다. 유배된 지 몇 달 지나지 않아서 문인 박해량朴海量은 화상에 능한 정심사淨心寺의 화승畵僧인 인찰寅札·춘담春潭을 데려와서 면암의 초상을 그려 포천 본가로 가지고 갔다. 원래 박해량은 광주光州 출신으로 자를 도겸道謙이라 하였는데, 일찍이 면암이 제주도에 귀양갔을 때 유배지로 찾아와 면암을 따르면서 제자가 된 인물이었다. 그 뒤 그는 포천까지 내왕하면서 면암을 따랐지만, 1886년 37세로 타계하고 말았다. 면암은 그의 죽음을 애석히 여겨 행장을 짓기도 했다.

박해량 외에도 여러 사람들이 흑산도까지 면암을 찾아가 그를 위무하고 또 배움을 청하기도 했다. 그 가운데 최영호崔永皓라는 인물은 함경도 단천端川의 하민下民으로서 면암의 명성을 듣고 그를 만나기 위해 천리나 되는 장도를 걸어서 내려왔다. 포천 본가를 경유한 그는 다시 천리 길을 밟고 바다를 건너 흑산도까지 찾아와 배움을 청했다고 한다. 면암의 후견인이자 동문 선배였던 중암 김평묵은 그의 행적을 전해 듣고 「최영호입흑산도기崔永皓入黑山島記」라는 글을 지어 그의 사적을 후세에 남기기도 했다. 또 창평昌平의 김의현金懿鉉과 순천의 조종헌趙鍾憲도 흑산도를 찾았던 인물들이다. 한편, 면암의 장자 최영조도 부친의 안부를 걱정하여 1876년 12월 소흑산도에 들어왔다가 이듬해 4월 면암이 대흑산도로 들어갈 무렵 육지로 돌아갔다.

면암은 1877년 4월 대흑산도로 들어가 40여 일을 지내고 돌아왔다. 흑산도에 귀양온 사람은 각자의 형편과 입장에 따라 대흑산도와 소흑산도 가운데 한 곳을 택해 거처하는 것이 관례였다. 대흑산도에 들어간 면암은 이때 그곳의 절경인 문암봉門岩峯과 선유봉仙遊峰을 구경하고 또 월산月山의 고적도 둘러보았다.

대흑산도를 둘러본 면암은 이곳으로 거처를 옮기기로 작정한 듯하다. 소흑산도에 돌아온 지 불과 한 달여만인 7월에 다시 대흑산도에 들어간 것으로 보아 그러한 정황이 짐작된다. 면암은 대흑산도의 서당에 거처를 마련하고 후학들을 가르쳤다. 면암은 이곳에서 해배될 때까지 1년 반을 지내게 된다.

흑산도 유배시 면암의 생계는 끼니를 걱정할 정도로 매우 곤궁하였

흑산도의 면암 적려유허비(謫廬遺墟碑)

다. 소흑산도를 벗어나 대흑산도로 이거한 이유도 그곳에 큰 흉년이 들어서 사실 생계가 어려웠기 때문이었다. 그리하여 면암은 대흑산도에서 학동들을 가르치며 양식 걱정을 겨우 면하는 정도였다.

면암은 1878년 3월 다시 선유봉을 유람한 뒤, 4월에는 석공에게 명하여 '기봉강산 홍무일월箕封江山 洪武日月' 8자 및 '지장암指掌嵒' 3자를 천촌淺村의 석벽石壁에 새겼다. 비록 귀양을 가 있는 처지이지만, 이러한 각자는 그가 체인體認하고 있던 중화의식中華意識의 생생한 증좌라 할 수 있다. 면암이 새긴 이 각자는 오늘날 대흑산도에 그대로 남아 있어 면암의 귀양살이 현장의 체취를 생생하게 느끼게 해준다.

대흑산도로 이거한 뒤에도 육지에서 면암을 만나기 위해 바다를 건너오는 이가 종종 있었다. 그 가운데 전라도 함평 출신의 선비 김훈金勳은 특기할 만하다. 그는 호를 지장재智藏齋, 자를 자원子元이라 하였다. 함평의 자양산紫陽山 아래 살던 그는 일찍부터 과거 공부에 몰입하여 견문과 학식이 넓었고, 또 이름난 학자들을 찾아 명산대천을 두루 여행한 인물이었다. 일찍이 면암을 사모해오던 그는 이때에 이르러 대흑산도로 들어와 학문을 강론하며 수십 일 동안 면암과 같이 지냈던 것이다.

면암이 흑산도 유배지에 새긴 각자 '기봉강산 홍무일월(箕封江山 洪武日月)'

면암이 흑산도 귀양살이에서 풀려나는 것은 1879년 2월 8일이었다. 그는 이후 한 달 동안 머물며 3년 귀양살이를 정리한 뒤 3월 9일 대흑산도에서 배를 타고 소흑산도를 경유하여 14일 다경진에 하륙하였다. 전년 12월 흑산도로 들어와 머물던 큰아들 최영조를 비롯하여 문인 정석중鄭錫中과 최문달崔文達이 면암을 따랐다.

하륙 후 면암은 먼저 광주의 지산사芝山祠를 찾아 고운 최치원의 영정을 참배하고, 이어 광주 하남河南으로 가서 농와農窩 박정현朴鼎鉉을 찾

노사 기정진의 신도비(전남 장성). 면암이 비문을 지었다.

앉다. 농와는 문인 박해량의 아버지로 문한이 넉넉한 선비였다. 이때 면암이 내방했다는 소식을 듣고 원근에서 40여 명의 학자들이 모였다고 한다.

광주에 이어 면암은 장성의 고진원古珍原으로 가서 노사 기정진의 서재인 담대헌澹對軒에서 잠시 노사를 뵈었다. 평소 존숭해 오던 노사는 이때 80세의 노인으로 병중에 있었으며, 얼마 뒤 타계하고 말았다. 면암은 당시 노사를 뵌 심경을 다음과 같은 시로 읊었다.

남주에 도가 있어 인망이 가볍지 않으니　　　　道在南州望不輕

추양과 강한이 몇 사람의 정이런가	秋陽江漢幾人情
두 번 와서 선생의 얼굴만 보았으니	再來只見伊川面
오십에도 명망 없는 부끄러운 후생일세	五十無聞愧後生

곧 남도 도학의 본산으로서 노사를 칭송한 뒤, 그를 두 번 배알했다는 자부심과 함께 자신의 학문적 경지와 덕망이 부족함을 반성하면서 스스로를 면려한 것이다. 면암이 이처럼 노사를 숭상한 것은 앞서 언급했지만, 노사의 학문이 주리론적 견지에서 화서학파의 학문 요체와 흡사한 지향성을 보였던 데 기인하는 것이었다. 이런 연고로 인해 면암은 1901년 봄에 노사의 신도비문을 지었다. 하지만 신도비는 진작에 서지 못하고 1997년에 와서야 비로소 세울 수 있었다. 지금 이 비는 노사의 강학처였던 장성의 황산에 서 있다.

중암은 면암이 귀양살이에서 풀려나 고향으로 돌아왔다는 소식을 듣고 세 수의 시를 보내왔다. 사지나 다름없는 간고한 처지에서 무사히 살아온 데 대한 기쁨을 읊고, 다시는 세상일에 간여하지 말기를 바라는 간절한 소망을 담았다. 그 가운데 한 수를 보면 다음과 같다.

탄핵하는 말들이 옛날에 분분했는데	中書奏箚昔紛紜
네 해의 귀양살이는 성은이었네	四歲窮溟已聖恩
또다시 세자로 인한 은전이 미쳐	更爲儲君覃雨露
먼 적객을 전원으로 돌아오게 했도다	許令遠客返田園
설성을 돌아봐도 지기 없는데	雪城回首無知己

벽리의 전한 심법 아언이 있네	蘗里傳心有雅言
동산에서 조용히 사는 것 해롭지 않으니	不妨東山開理屐
서감과 선실도 뜬구름일세	西監宣室亦浮雲

이처럼 중암은 면암이 화서의 심법을 고수하면서 고향 땅에 은거하며 지내기를 간절히 바랐던 것이다. 하지만 그의 강직한 성품은 일제 침략으로 국운이 급전직하 기울어가는 참담한 상황을 결코 좌시할 수 없게 했으며, 임종의 마지막 순간까지도 반제 항일투쟁을 몸소 실천하게 만들었다.

개화와 외압의 와중 04

고향 포천 퇴거

흑산도에서 풀려난 면암은 1879년 봄에 비로소 포천 고향집에 도착하였다. 3년만에 귀향한 그는 이후 연로한 부친을 봉양하면서 한동안 전원생활을 했다. 양헌수가 면암에게 편지를 보내와 "대감이 땔나무를 한다는 소문이 경외京外에 자자하니, 듣는 이도 함께 영광이다."라고 한 것도 그 당시의 정황을 잘 보여준다. 사실 면암은 어려서부터 늘 검소한 생활을 해왔다. 언제나 수수한 차림에다 때 묻은 갓을 쓰고 짚신을 신고 있었다. 차림이 소박했기 때문에 사람들이 그를 시골의 궁한 선비로 여기는 경우도 종종 있었다고 한다.

1880년 봄에는 48세의 나이로 호군護軍에 임명되었다. 동시에 면암의 조부와 증조부 2대가 추영追榮되었을 뿐만 아니라, 부친 지헌공芝軒公을 승자陞資하는 은명恩命을 받았다. 실로 가문의 영광이 아닐 수 없었다. 이를 계기로 면암은 아버지를 헌수하는 효도잔치를 크게 베풀었다. 원

포천 가채리의 면암 사당 채산사(茝山祠)

래 1866년에 부친의 회갑을 맞았지만, 모친의 상을 당했던 까닭에 당시에는 잔치를 베풀 수가 없었다. 그 뒤 사정이 여의치 못해 부친의 헌수잔치를 미뤄오던 중, 이때에 와서 부친이 강건하고 은전이 내려오니, 온 집안이 이에 감축하여 잔치를 벌였던 것이다.

면암이 고향 포천에서 지내는 동안, 1881년 동문의 홍재학이 순절하고, 김평묵이 귀양 가는 비극적 사건이 벌어졌다. 일제의 침략이 가속화되면서 중앙 조정에는 수구파와 개화파 사이에 갈등이 증폭되고 있었는데, 특히 일본에 수신사로 갔던 김홍집이 귀국길에 가져온 『조선책략朝鮮策略』을 둘러싸고 물의가 야기되어 전국 유림이 들고일어났다. 1880년 8월 김홍집이 올린 『조선책략』은 중국의 외교관 황준헌黃遵憲이 지은 것으로, 러시아의 남하정책을 막기 위해서는 조선이 중국·일본·미국과 공고한 유대관계를 맺는 정책을 펴나가야 한다는 것이 그 핵심 내용이었다. 경멸과 배척의 대상이던 이른바 왜양倭洋과의 노골적 결탁을 주장한 이 책의 반포는 당시 조야에 큰 파문을 일으켜 전국적인 상소투쟁이 벌어졌다. 영남지방에서는 1881년 2월 퇴계 이황의 11대손인 이만손李晩孫을 소수疏首로 한 영남만인소가 올라왔고, 충청도에서는 홍시중洪時中과 황재현黃載賢이 상소를 올렸고, 또 유생 3백 명이 한홍렬韓洪烈을 소수로 하여 복합 상소하였다. 그리고 4월 중순에는 경기 유생이 복합 상소에 참여하였다. 경기도에서는 소수 유기영柳冀榮과 이행규李行逵를 중심으로 유생 1백 명이 상소를 올렸다. 이처럼 전국 각도에서 상소가 올라와 조정의 개화 옹호정책을 신랄하게 비판하면서 거세게 항의하였다.

그 가운데 특히 홍재학이 올린 상소는 그 내용이 매우 격렬하였다. 그 상소문은 바로 홍재학의 친형이자 김평묵의 사위인 홍재구洪在龜가 지었다. 상소문에서는 당시 개화정책에 앞장섰던 김홍집·이유원에 대한 규탄뿐만 아니라 국왕까지도 비판하기에 이르렀다. 즉, 고종은 친정 이래 위정척사衛正斥邪에 대한 태도가 애매하였을 뿐만 아니라 사학의 무리를 방치했다고 그 실정을 지적하였으며, 나아가 척사윤음을 반포한 이후 고종의 대도가 구태의연한 것은 백성을 우롱하는 처사라고 극언하면서 그 기만성을 비판하였다. 또 개항 이래 국내에 보급된 서양문물 소개 책자에 대해서도 공자·맹자의 가르침이 아니라고 단언하여 그 사학성을 맹렬하게 규탄하였다.

『조선책략』 반입사건을 둘러싸고 척사운동이 벌어졌을 때, 면암은 제국주의 침략의 여파를 직접 받았다. 화서학파 동문인 홍재학이 참형을 당해 순절하였을 뿐만 아니라, 그의 후견인이었던 중암 김평묵도 전라도 지도智島로 유배를 갔던 것이다.

과격한 문체와 내용으로 국왕에 대한 인신공격까지 서슴지 않았던 홍재학은 구금 후 모진 국문을 받았다. 하지만 그는 자신이 한 행동에 대한 소신을 추호도 굽히지 않고 오히려 조정의 개화정책을 통렬히 비난하여 결국 서소문에서 능지처참을 당하여 순절하고 말았다. 또 중암도 영남 유생들의 소청疏廳에 편지를 보내어 그들의 사기를 진작하고 겸하여 화친을 주장하는 사람들을 성토하였을 뿐만 아니라, 홍재학이 올린「관동유소關東儒疏」의 끝에「미부소尾附疏」를 써서 상소투쟁을 독려하였다. 그 결과 중암은 대사간 이원일李源逸의 탄핵을 받아 지도에 위리안치당하였던 것이다.

면암은 이처럼 비극적인 소식을 듣고 아들 최영조와 종질 최영직崔永稷을 보내어 홍재학의 영연靈筵에 곡하게 하고, 또 귀양을 가는 중암을 남문 밖에 나가 전송하게 하였다.

1882년 봄에 면암은 금강산 절승지를 유람하였다. 동문·동향의 후배였던 용계龍溪 유기일柳基一과 이유선李裕善·이관수李寬秀·이후인李厚仁 등 후학들이 동행했던 금강산 여행에서는 내금강과 외금강을 두루 구경한 다음 연해의 모든 명승까지 둘러보았고, 또 안변 석왕사釋王寺와 원산 학포鶴浦 등지까지 가서 달포 남짓 유람하고 돌아왔다.

금강산 유람에서 돌아온 직후인 그해 6월에 중앙에서는 임오군란이 발발하여 정국이 몹시 혼란스러웠다. 이때 민왕후는 구사일생으로 충주로 피신한 끝에 목숨을 건졌다. 당시 면암은 포천에서 지내고 있었기 때문에 신변에 특별한 변고는 없었지만 정국의 혼란상으로 인해 적지 않은 충격을 받았을 것이다.

이 무렵 면암은 친형 최승현崔升鉉이 타계하여 크게 상심하였다. 그의 형은 면암보다 7세가 많았는데, 자를 일승日升, 호를 금서錦西라 불렀다. 뒷날 종백부에게 양자로 들어갔던 관계로 백종형이 되었다. 면암은 평소 그를 크게 의지하고 따랐는데, 이때 와서 그가 병사하게 되자 상심이 컸다. 한편, 수직壽職으로 첨지중추부사가 되어 첨추공으로 불리던 종백부 최암崔嵒은 2년이 지난 뒤인 1884년 7월에 가서야 서거하였다.

1884년 10월에는 갑신정변이 일어나 중앙 정국이 아수라장으로 변했다. 정변 소식을 들은 면암은 즉시 상경하여 궐문 밖에서 분문奔問한 뒤 사태가 진정된 다음에 돌아왔다. 그리고 1885년 1월에는 중암이 귀양살이에서 풀려나 돌아왔다는 소문을 듣고 1백 리 떨어진 연천漣川으로 달려가서 그를 위무하였다.

화서학파의 심설논쟁

면암은 55세 되던 1887년 5월에 부친상을 당하여 삼년상을 치른 끝에 1889년 8월 탈상하였다. 상중에 있던 그에게 가장 큰 고통을 가져다준 것은 심설논쟁으로 야기된 화서학파의 내홍이었다. 논쟁이 절정에 이른 1888년 한 해를 면암은 이 문제 해결에 거의 모든 시간과 정력을 쏟았다고 해도 지나친 말이 아니다. 심설논쟁은 화서문파의 전도가 달린 중

차대한 문제로 부상되어 있었고, 문파의 최고 지도자 가운데 한 사람인 면암이 이 문제를 결코 외면할 입장과 처지가 아니었다.

화서학파의 심설논쟁은 거대한 이 문파를 양분할 만큼 격렬하게 펼쳐졌다. 격렬한 만큼 그 여파도 매우 컸다. 심설논쟁이 야기되기까지의 과정과 그 배경을 보면 다음과 같다. 화서학파의 비조인 선사先師 화서는 앞서 보았듯이 1868년 3월 77세를 일기로 양평군 벽계에서 타계하였다. 화서가 타계할 무렵에 이르러 화서학파는 이미 양평뿐만 아니라 포천·춘천·가평·홍천 등지를 중심으로 한 중부지역 일대에 널리 퍼져 상당한 세력을 가진 문파로 성장해 있었다. 이후 중암 김평묵이 성재 유중교와 더불어 선사의 위치와 역할을 대신하며 이 학파를 선도해 나갔다. 그 무렵 이미 관계에 출사出仕해 있던 면암도 이들 양인과 꾸준한 교분을 갖고 문파의 중심적 위치를 차지하고 있었다.

중암과 성재 양인은 화서 문하의 동문이기에 앞서 사제관계에 있었다. 성재는 14세 무렵부터 13살 연상의 중암에게 맹자 등의 경서를 수학하였다. 곧 중암은 성재가 수학기에 접어들던 어린 시절부터 그에게 학문을 계도하여 성재의 학문과 사상에 직접적이고도 깊은 영향을 준 인물이었다. 이후 양인은 오랫동안 사제간에 두터운 정의情誼를 쌓아오게 되었다.

화서 사후 그 적전嫡傳을 이어받은 인물은 중암이었다. 유년기 이래로 성재의 오랜 학문 지도자이며 연장자인 중암이 선사로부터 적전을 승계한 것은 당연한 일이었다. 더욱이 임종 직전에 화서가 성재에게 '나를 섬긴 것처럼 중암을 섬기라'는 유명遺命을 남겼다고 한 점으로도 학파 내에서의 중암의 확고한 위치를 짐작할 수 있다.

그러나 화서 사후 오래지 않아 중암과 성재 양인간에는 갈등이 야기되고 말았다. 이들 간의 알력이 노골적으로 드러나는 결정적 계기는 1886년 시작된 학파 내의 심설논쟁이다. 성재는 수년 전부터 선사 화서의 심설에 의심을 품고 있었으나 그동안 함부로 발설하지 않고 있다가 1886년 겨울, 비로소 여러 동문에게 「서시동문제공書示同門諸公」이라는 글을 보내어 화서 심설에 대한 보완적 입장에서 자신의 '조보론調補論'을 발표하였던 것이다.

면암의 동문 성재 유중교

성재는 화서의 심설을 '이리단심以理斷心', 곧 이理로서 심心을 단정한 것으로 인정하였다. 그렇지만 기본적으로 이 문제에서 출발한 성재의 조보론도 결코 화서의 심설에서 그 범주를 크게 벗어난 것이 아니었다. 심心은 이理와 기氣 어느 것으로도 말할 수 있다든지, 태극에 주재主宰가 있다는 논리라든지, 명덕明德이 이理를 가리킨다는 '명덕주리설明德主理說' 등은 화서와 입장을 같이하여 결국 주리主理를 종지로 내세우게 됨으로써 선사의 입장을 견지하고 있었다. 다만 심心을 세분하여 볼 때 신명神明과 명덕 가운데 신명은 기질氣質의 사私를 저촉하고 있으므로 마땅히 형이하形而下로 지목해야 한다는 입장과 명덕은 분명히 형이상形而上이지만 심心과 명덕의 구분에서는 심이 곧 명덕은 아니므로 분변分辨해야 한다는 입장이 주된 쟁점이 된다고 할 것이다. 이는 곧 명덕 자체 속의 주리 주기론主理主氣論이 아니라 심心과 상대적 개념으로 등장했을 때의 문제로 제기된 것이다. 결국 이러한 문제들은 심心 전체를 명명할 때 무엇으로 지목해야 하는가 하는 문제로 귀결된다고 볼 수 있다. 곧 화서의 심설에 대하여 성재가 견지한 입장은 다음과 같은 것이었다.

> 신神은 심心의 본위本位로 진망사정眞妄邪正을 겸하였으니, 이것이 이른바 당체當體이다. 진망사정을 겸한 이 당체 중에서 참眞되고 바른正 것을 뽑아내어 그것을 본체本體라 하고 형이상이라 하는데, 선사가 주장한 바의 이理라고 한 것도 바로 여기에 있었던 것이다. 이와 같이 논설을 세우면 선사의 말씀에도 폐단이 없을 뿐만 아니라 더욱 그 뇌락광명磊落光明함을 보겠고 후학의 의심도 없어질 것이다. 그렇다면 선사께서 말씀하신 '명덕주리明德主理'는 한 자도 바꿀 수 없으나, 다만 심에 대해 위치를 분변하고 명목을 바로잡는 데에 심물心物·성칙性則과 당체·본체의 구별을 나누어 약간 보완을 가한다면, 마치 큰 집의 주춧돌 사이에 조그마한 돌 하나를 고여 사면팔방이 다 바로잡히는 것과 같다.

성재는 이러한 심설조보론心說調補論을 가지고 먼저 중암에게 질정叱正을 청하였다. 그러나 중암은 1887년 1월 성재가 주기적主氣的 입장에서 선사 화서를 배척한 것으로 조목조목 신랄한 비판을 가하였다. 곧 중암은 선사 화서의 심설이 움직일 수 없는 철칙이라는 입장을 견지하면서 "심물心物과 성칙性則은 누구나 다 말하였으니, 선사가 모를 리 있겠는가.

다만 온 세상이 다 알고 있는 것이고, 온 세상이 다 말한 것이므로 굳이 말할 것이 없어 말하지 않은 것"이라고 하였다. 그는 면암에게 보내는 편지에서도 성재의 조보론을 다음과 같이 맹렬히 비난하고 있다.

가정柯亭의 일(성재의 심설문제 제기)은 갈수록 머리가 아프다. …… 성재가 연전에「시동문제공첩示同門諸公帖」을 나에게 보내와 편지를 수차 왕래하였으나, 한결같이 선사를 배척하고 노주老洲 오희상吳熙常을 믿어서 구절마다 낙론洛論과 부합되니, 이는 마음을 다해 애쓰는 바가 첫째도 주기主氣요, 둘째도 주기임을 속일 수 없다. …… 성재가 나에게 보내온 편지에 심지어 '스승의 설은 본디 경전과 같지 않다' 하였고, 또 '스스로 견해가 있으면 구차스럽게 선유先儒와 같이 하려 하지 않았다'고 하였다. 이는 또 선사를 무함하여 천고의 성현과 배치背馳하고, 별도로 문호를 세워 오초吳楚가 왕으로 참칭한 죄를 범한 것이 되는 것이다. 이 어찌 차마 들을 수 있겠는가. 시종 어긋남이 이와 같으니, 그의 마음에 있는 바와 말초末梢가 어떠한지 알 수 없다. 고통스럽고 고통스럽다!

위의 글에는 중암의 격노한 심기의 일단이 잘 드러나 있다. 요컨대 중암은 성재가 선사 화서의 학설과 입장에 대해 정면에서 반기를 들었다고 비난한 것이다.

면암도 또한 1888년 4월 성재에게 글을 보내어 선사의 학설을 '함부로 수정한 잘못'을 다음과 같이 지적하였다.

도리道理는 무궁하고 사람의 소견은 잘못되기 쉬우니, 비록 스승의 학설에 참으로 잘못이 있다 하더라도 문인과 제자는 추후에 다시 헤아려 보아, 고칠 만하면 고치고 보충할 만하면 보충하는 것이 옳을 것이다. 선사의 심설心說로 말하면, 근래 유현儒賢들의 대체로 동일한 논의를 벽파劈破하여 사문斯文과 세도世道에 공을 세운 것이니, 전인들이 발명하지 못한 것을 발명했다고 할 수 있을 것이다. 만일 총명영예聰明穎銳의 자질과 격치함양格致涵養의 공부가 선사보다 한층 뛰어난 이가 아니면 망령되이 변동하여 스스로 참람한 죄에 빠져서는 안 되는 것이 분명하다.

위에서 알 수 있듯이 면암은 무릇 화서가 견지한 심설은 고심한 노력 끝에 도달한 발명인 까닭에 후학들이 함부로, 또 쉽게 고칠 수 있는 것이 아니라는 신중론의 입장에 있었다. 그리하여 자질과 학문이 선사 화서를 뛰어넘는 학자가 아닌 이상 그 심설을 수정하는 것은 망령된 행위라고 간주함으로써 원칙적 입장에서 성재를 비난하였다.

중암과 성재 사이에 심각한 알력이 노정되고 논쟁이 계속되는 동안에 양 문인들간에도 심설논쟁의 시비를 둘러싸고 격렬한 문구의 서신 왕래가 수차 계속되었다. 특히 중암의 사위이며 수제자인 홍재구는 성재에게 보내는 2차의 서신에서 '스승의 학문의 틀을 엎었다顚覆父師之典型' 또는 '문파를 배신하였다反而他適'는 등의 극단적인 어구를 구사하며 맹렬한 비난을 가하였다. 유인석을 비롯하여 유중악·이근원·송민영·이소응 등 성재의 문인들은 이에 격분하여 1888년 3월 연명으로 홍재구에게 다음과 같은 글을 보내 절교를 선언하기에 이르렀다.

아, 성재 선생이 전후로 무척 誣斥받은 일이 비일비재하나 지금 그대의 두 차례 편지에 이르러 그 극에 이르렀다. …… 이제 그대는 도리어 차마 들을 수 없고 볼 수 없는 무욕誣辱을 가했으니, 우리의 결단은 그대에게 절교를 알리고 의리에 처하는 것임에 무엇을 의심하리오. 단지 우리 학파의 분열이 심해져 이런 지경에 이르면 선사의 영혼이 저승에서 슬퍼할 뿐만 아니라 반드시 중암·성재 양 선생의 분노에 부딪칠 것이니 이를 두려워하노라.

학파내의 논쟁이 이처럼 격화되어 내분될 조짐을 보이게 되자, 성재는 1888년 10월에 중암을 찾아가 함께 심설문제를 상의한 끝에 「심설정안心說正案」 8조를 합의하였다. 그러나 이러한 타협적 분위기에서도 양 문인들 사이의 논쟁은 계속되어 1892년에 유인석·서상렬·유치경·송민영 등 성재의 문인들은 중암의 입장을 견지하였던 유기일과 끝내 절교를 선언하였다. 그리고 이듬해에는 이근원이 홍재구에게 역시 절교를 알렸다. 심설논쟁을 둘러싸고 이로써 화서학파는 실질적으로 두 계열로 양분되기에 이르렀다.

이상과 같이 성재가 제기한 조보론으로 야기된 화서학파의 심설논쟁이 중암과 성재를 정점으로 하여 전 문파적으로 확산되자, 면암은 양자간의 화해와 조정의 역할을 자임하고 나섰다. 앞서 보았듯이, 그는 심설 자체에 대해서는 중암의 입장에 서서 원칙론을 견지하고 있었다. 그리하여 그는 1888년 4월 선사의 심설에 이의를 제기한 잘못을 비판하는 편지를 성재에게 보내는 한편, 그해 가을에는 유기일의 「백운강설白

면암의 동향·동문 후배인 용계 유기일

雲講說」을 토대로 한 별지別紙를 다시 보내 그 각성을 촉구하기에 이르렀다. 그러나 면암은 성재의 심설조보론이 선사의 도학道學를 높이고 호위한 고충에서 나온 점이라는 데는 깊이 공감하고 있었다. 나아가 이와 같은 견지에서 그는 심설문제를 계기로 성재를 격렬하게 배척하던 유기일에 대해서는 그 잘못을 준엄하게 질책하는 입장을 취하였던 것이다.

유기일은 면암과는 동향인 포천의 소흘 출신으로 동문 후배였다. 그러므로 그 양인은 원래 각별하게 교유하던 사이였다. 그러나 면암이 심설논쟁 때 성재를 거세게 비난한 유기일의 처신을 잘못된 것으로 공박하게 되자, 유기일은 면암에 대해 불만을 품게 되었다. 이로써 양인은 불편한 관계에 놓이게 되었다.

화서학파의 최고 원로 가운데 한 사람이었던 면암은 이처럼 심설논쟁으로 내분이 야기되는 위기상황을 맞아, 중도적 입장을 견지하면서 중암과 성재 양인의 입장과 견해의 차이를 조정하고 화해하기 위한 중재자의 역할을 자임함으로써 학파내의 위기를 수습하는 데 전력을 기울였다.

변복령과 단발령 반대투쟁

1891년 12월에는 중암 김평묵이 타계하였다. 중암의 타계로 인하여 면암의 상심은 컸다. 40년간 교분이 돈독했던 중암은 자를 치장稺章이라 했으며, 문장과 도학이 뛰어나 화서의 적전嫡傳이 된 인물이었다. 중암을 애절하게 기리는 면암의 정표情表는 그가 지은 제문의 다음 구절에 잘 드러나 있다.

오호라, 나는 우매하여 백 가지가 다른 사람보다 나은 것이 없었는데, 어린 시절부터 외람되게 선생의 사랑을 받아, 몹시도 간절하게 저를 가르치고 인도해 주었도다. 돌이켜 보건대, 나는 천품이 우매하여 두텁게 가리어 알기가 어려웠다. 처음에는 뜻이 서지 못하고 공부가 독실하지 못하여 가르침의 만분의 일도 실천에 옮기지 못하였으며, 중간에는 벼슬길에 정신이 팔려 선생 곁을 수십년 떨어져 지냈다. 늦게서야 후회하는 마음이 생겨 만년을 잘 수습하여 과거의 허물을 고쳐보려고 하였지만, 덧없이 머리는 희어지고 이가 빠지고 말았다. 이제 선생마저 세상을 떠났으니, 세상사는 날로 그르고 우리의 도가 더욱 외로워져 슬픈 생각에 나도 모르게 한숨이 나오고 눈물이 쏟아진다. …… 오호라, 스승의 자리가 참담하고 적막하니, 경색景色은 처창悽愴하여 한을 머금은 듯하고 시냇물은 목이 메어 우는 듯하도다. 천장지구天長地久로다, 이 끝없는 이별이여! 장하長河를 기울인 듯 하염없이 흐르는 눈물, 이는 내 평생 의지할 곳이 없어졌기 때문이로다.

어린 시절부터 면암의 학문을 성심으로 계도해 왔고, 또 일생동안 그의 든든한 후견인이 되어 주었던 중암에 대한 절절한 회상과 애절한 그리움을 진솔하게 표현한 것이다. 면암은 중암의 묘표墓表를 지어 다시 한 번 그의 죽음을 애도하였다.

면암은 1893년 12월 회갑을 맞았다. 그동안 지내온 파란만장한 삶을 돌아보고 만감이 교차하는 인생 감회를 다음 시로 읊었다.

내 다행히 이 나라에 태어나서	日余生幸小華東
어느덧 60년 꿈속에서 보냈네	六十年過夢覺中
터럭은 다만 조석으로 변하는데	鬢髮但看朝暮變
마음만은 오히려 한창때와 같구나	心期猶許壯衰同
만 번 생각해도 부모 은덕 갚기 어려운데	萬回難報劬勞德
다시 만든 천지의 공 잊을 수 있으랴	再造能忘覆載功
인생살이 공사 간에 다소 감회 일어나	俯仰公私多少感
섣달 가난한 집에서 나라를 근심하네	臘天白屋誦泉風

회갑을 맞이하는 소감을 읊은 위의 시는 면암의 의식 세계의 일단을 그대로 드러낸 것으로, 우리 문화에 대한 강렬한 자긍심과 이를 수호하기 위한 우국충정이 시구에 배여 있음을 알 수 있다. 이는 또한 면암의 앞날에 펼쳐질 여생이 간난과 고통으로 점철될 것을 예고하는 전주곡이기도 하였다. 면암의 험난한 삶은 그 이듬해인 1894년, 청일전쟁을 도발한 일제의 침략이 본격적으로 이루어지면서 동시에 시작되었다.

청일전쟁의 빌미를 제공한 사건은 동학농민전쟁이었다. 동학농민전쟁이 삼남 일대를 비롯해 전국을 휩쓸게 되자, 무능한 조정에서는 청국에 원병을 요청하게 되었고, 이를 기화로 삼은 일제가 조선에서 패권을 장악할 야욕을 갖고 대병력을 출동시키기에 이르렀다. 일제 침략군은 청일전쟁을 도발하기 직전인 6월 21일 경복궁을 무단 점거한 갑오변란을 일으켰다. 일본군 혼성여단 2개 대대가 이날 새벽 남산에 야포를 설치하고 경복궁을 기습 점거함으로써 침략 야욕을 만천하에 노골적으로 드러내었다. 이러한 갑오변란에 이어 일제는 한반도에서 청나라 세력을 구축할 목적으로 청일전쟁을 도발하였다.

재야의 유생들은 일본군이 경복궁을 유린하던 6월 21일 바로 그날 조선이 망했다고 통탄했을 정도로 갑오변란에 큰 충격을 받았다. 면암도 변란 소식을 듣고 즉시 서울로 왔다. 하지만 삼군부三軍府를 점거하고 궁성을 엄중히 파수하던 일본군은 자기들이 발급한 통행표를 소지한 인물에 한해 입궐을 허가하고 있었다. 이에 면암은 입궐을 포기한 채 도성 밖에서 분문奔問한 뒤 통곡하고 포천으로 돌아왔다. 면암이 자헌대부資憲大夫 공조판서에 제수된 것은 이처럼 긴박한 상황이 벌어지던 7월이었다. 이에 그는 그에게 내려진 벼슬을 왕명이 아닌 위작僞爵으로 단정하여 단호히 사직하였다.

경복궁을 점거하고 청일전쟁을 도발한 일제는 김홍집金弘集을 총재로 하는 군국기무처를 설치하여 조선의 내정 침략을 급진적으로 감행하였다. 정치·군사 양면에 걸쳐 입체적 침략을 감행해온 것이다. 특히 화서학파 유생들은 군국기무처에서 주관하던 갑오경장을 역법·의제·관

면암의 각자 '대명일월 소화강산(大明日月 小華江山)'
(신안군 지도읍 두류산 정상)

제·지방제도의 변경으로 총괄하고 이를 유사 이래의 '대변고'로 단정하였다. 그 가운데 의제衣制는 1894년 6월 '깃이 둥글고 소매가 좁은 옷盤領窄袖'을 입도록 일차 개정하였다가 같은 해 12월에는 조정 신하들의 대례복大禮服을 흑단령黑團領으로, 진궁進宮 때의 통상적 예복을 흑색 '주의周衣'로 추가로 변경하였다. 이어 1895년에 들어와서는 관민에게 일체감을 주고 공사 간에 편의를 도모한다는 명목하에 공사 예복 중 옆트임이 있는 반소매 포布인 답호褡穫는 입지 말고 주의는 관민이 모두 흑색으로 만들어 입게 하였다.

이러한 변복령變服令의 결과 일반 민간에도 복제가 크게 영향을 미치게 되었다. 수차에 걸친 의제 개정이 문화적 자존에 치명상을 입힌 것으로 간주한 유생들은 큰 충격을 받았다. 면암의 동문 후배로 뒷날 제천의병을 이끌었던 의암 유인석이 통탄한 다음 구절은 변복령이 내려진 당시 격앙되어 있던 분위기를 짐작케 한다.

아 애통하도다. 4천 년 화하華夏의 정맥正脈과 2천 년 공맹孔孟의 대도大道

와 조선조 5백 년 예악전형禮樂典型과 집집마다 수십세 내려오던 관상법도冠裳法度가 이제 끊어졌도다. 글 읽는 선비는 과연 어떻게 처신해야 옳겠는가. 선비가 지키는 것은 선왕의 도道이니, 선왕의 법복法服이 아니면 입지를 않고, 선왕의 법언法言이 아니면 말하지 않고, 선왕의 법행法行이 아니면 행하지를 않는다. 이제 선왕의 법복을 훼손하였으니, 이는 그 지키는 바를 잃은 것이다. 그 지키는 것을 잃어버렸으니 어찌 선비가 될 수 있으리오. 이는 천지·성현·선왕·부조父祖에 죄를 짓는 것이라 살아서 장차 어찌하리오. 이제 성토聲討하다 죽고 거의擧義하다 죽으리니, 선왕의 도를 수호하다 죽는 것은 선비의 의리이다.

즉 전통 의복을 서양식 복제로 개정한 것은 화맥과 도맥을 비롯해 조선의 정맥과 전통의 고유 습속까지 모두 일시에 단절시키는 결과를 초래했다는 논리이다. 이러한 변고를 당한 이상 선비로서의 명분과 의리를 상실하였기 때문에 모두 죽음을 각오하고 항거해야 한다고 촉구하였던 것이다. 이러한 정황으로 볼 때, 의병 봉기의 분위기는 의복제도 변경이 있던 1895년 초두에 벌써 성숙되어 갔음을 알 수 있다. 곧 변복령이 일반 민간에 강한 항일 적개심을 숙성시키는 계기로 작용하였던 것이다.

면암도 을미 변복령이 내려진 직후인 1895년 6월에 장문의 상소를 올려 관제와 의제 등을 갑오경장 이전으로 복구할 것을 다음과 같이 주장하였다.

갑신정변 때 도망갔던 역적들이 방자하게 조정에 출사出仕하는데도 체포하여 난도질하지 못했을 뿐만 아니라, 도리어 무서워하고 두려워하여 떨며 오히려 그들의 명령을 옳게 여겨 따르고 있다. 심지어 끝까지 흉한 계책을 이루려다가 성공하지 못하고 도망쳤지만, 그들이 남긴 기염과 나머지 위세는 오히려 온 나라를 공포로 몰아넣는데도 한마디 말을 하여 역적을 토죄하라는 주청은 하지 못하고 한결같이 그들의 약속을 지키게 하였으니, 이러고도 오히려 나라에 사람이 있다고 하겠는가. ……

　대저 갑신정변은 비록 다섯 역적이 행한 짓이나, 왜인이 아니면 그 힘을 빌릴 방법이 없었고, 일이 실패한 뒤에도 왜인이 아니었다면 그 생명을 도피할 수가 없었다. 우리가 이미 왜인과 형제가 되기를 체결하고 신실하게 약속하였다면 국제외교에는 마땅히 공법이 있을 것이며 합당한 조약이 있을 것이다. ……

　신은 살펴보건대, …… 한갓 오랑캐 풍속으로 중화를 변화시키고 사람을 금수로 타락시키는 것을 잘하는 일이라고 여기면서 이름하기를 '개화'라고 하니, 이 개화란 두 글자는 용이하게 나라를 망치고 집안을 전복시키는 것이다. …… 지금 비록 하나하나 따질 수는 없으나, 오직 의복제도를 변경하는 일은 더욱 의리를 심하게 해치고 있으니, 시급하게 먼저 복구하지 않을 수 없다. 의복은 선왕들께서 오랑캐와 중화를 분별하고 귀천을 나타내도록 한 것이다. 우리나라의 의복제도가 지극히 옛법에 부합되지는 않지만, 이는 중화문물이 내재되었으며 우리나라 풍속을 볼 수 있어서 선왕과 선정先正이 일찍이 강론하여 밝혀 준수해 온 것이니, 천하의 만국이 일찍이 우러러 사모하며 찬탄한 것이다. 그런데도 이를 버리게 된다면 요·순·문·무가 전승해 온 중화의 한 줄기를 찾을 수가 없게 되고, 기자箕子 및 우리 조종祖宗이 중화의 풍속을 가져다가 오랑캐를 변화시킨 훌륭한 덕과 큰 공로를 천하의 후세에 밝힐 수 없게 될 것이다. 이를 어찌 차마 할 수 있겠는가. ……

요사이 조정에서 청나라를 배반하고 자주自主하여 전하를 높여 대군주폐하大君主陛下라고 한다고 들었다. …… 성명께서는 고립되었고 도적들이 곁에서 엿보고 있으며, 지척인 대궐 뜰에서도 명령이 시행되지 않으면서 한갓 왜놈의 참람한 칭호만 본떠 하루아침에 폐하란 칭호를 받는다면 명분과 실상이 맞지 아니 하니, 마침내 성상의 덕에 누만 될까 염려된다. 하물며 '대군주' 세 글자는 예에 근거가 없고 옛적에도 듣지 못한 것이 아니겠는가. 구구히 망령된 소견이 차라리 죽을 죄를 당할지언정 감히 뭇사람을 따라 폐하란 두 글자를 쓰지 아니 하고 예전처럼 '전하'라고 쓰고 보니, 무례하고 불경스러운 죄를 실로 면할 수 없게 되었다.

이 상소의 요지는 먼저 박영효·서광범·유길준과 같은 개화파를 역적으로 규정하여 이들을 단죄할 것을 주장하고, 이어 이들을 교사하고 비호한 일제의 죄상을 성토하면서 개화의 허구성과 폐단을 지적한 뒤, 마지막으로 우리 전통문화의 자존을 상징하는 전통 복제를 변경토록 한 변복령의 철회를 강력하게 촉구한 것이다. 그리고 상소의 끝에는 갑오경장의 연장으로 황제와 제후의 중간 형태의 변형된 용어로 고종을 부르던 '대군주폐하'의 부당성을 지적하고 있다.

변복령에 이어 그해 8월에는 일본 공사 미우라 고로三浦梧樓의 지휘하에 일본 낭인들이 국모인 민왕후를 무참히 시해하는 을미사변이 일어나 전 민족의 공분을 자아냈다. 청일전쟁에서 승리한 일제 침략세력을 제어할 목적으로 1895년 3월 러시아의 주도하에 독일·프랑스 등 세 나라가 일제로 하여금 청일전쟁의 결과로 획득한 요동반도를 청에게 반환토록 간섭하였다. 이러한 삼국간섭으로 인해 일제의 약점이 노출되자 조선 정부는 일제의 영향력을 배제해가면서 친러정책을 실시하기에 이르렀다. 이에 일제는 8월 20일 반일세력의 정점인 민왕후를 무참히 시해하는 야만적 국제범죄를 자행하였다. 그리고 사변 이틀 뒤인 22일에 일제의 꼭두각시 친일내각은 고종의 명의로 왕후를 폐위시켜 서인庶人으로 삼는다는 왕후 폐위 조칙까지 발표하여 전 국민을 기만하기에 이르렀다.

면암은 을미사변 직후 민왕후의 안위 등 사변의 전말을 둘러싸고 여러 가지 흉흉한 소문이 들리자, 그의 자질들을 서울에 보내 그 실상을 파악케 하였으나 끝내 분명히 알지 못하였다. 민왕후의 참변 사실이 공포된 것은 그해 10월이 되어서였다. 면암은 그 소식을 듣고 군정郡庭에 들어가서 통곡하며 상복을 받았다.

변복령과 을미사변에 이어 우리 민족의 자존심에 치명상을 입힌 사건이 11월 15일에 내려진 단발령이었다. 사실 변복령이 공포된 뒤 곧이어 단발령이 내려질 것이라는 소문이 민간에 널리 유포되고 있었으며, 선비들도 이를 예상하고 있었던 것으로 보인다. 면암도 위에서 본, 6월에 올린 상소에서 단발을 예상하고 있으며, 동문의 후배 유인석도 변복령을 언급하면서 곧 단발령이 내려질 것으로 언급하였고, 『매천야록』에

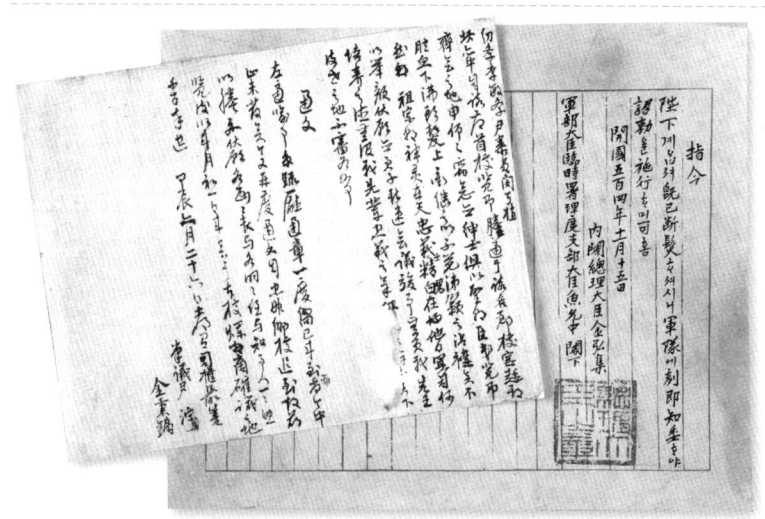

단발령 고시문과 반대통문

도 을미사변에 이어 단발령이 곧 내려질 것으로 민간에서 예측하고 있었다고 한 것으로 보아 그러한 정황이 쉽게 짐작되기 때문이다.

11월 15일, 친일내각은 오는 17일을 기하여 음력에서 양력으로 역법을 바꿈과 동시에 단발령을 선포했다. 곧 1895년 11월 17일은 양력으로 1896년 1월 1일인데, 이날부터 공식적으로 양력을 쓰고, 또 새해부터는 '양력을 세운다'는 뜻으로 새 연호 '건양建陽'을 사용하도록 하였다.

당시 친일정부가 단발령을 내린 이유는 '위생에 이롭고 작업에 편리하기 때문'이라는 것이었다. 그러나 유교 윤리가 일반 백성의 생활에 뿌리 깊이 자리매김하고 있던 조선사회에서는 "신체·머리털·살갗은 부모로부터 물려받은 것으로서, 감히 훼상하지 않는 것이 효의 시작이다. 身體髮膚 受之父母 不敢毁傷 孝之始也"라는 말 그대로, 머리를 길러 상투를 트는 것이 인륜의 기본인 효의 상징이라고 여겼다. 그러므로 백성들은 살아 있는 신체에 가해지는 심각한 박해로 단발령을 받아들였고, 이를 계기로 정부에 대한 반감은 절정에 달하였다.

단발령 공포에 앞서 고종은 태자와 함께 머리를 깎았다. 국왕이 먼저 모범을 보임으로써 백성들에게 단발을 강행하려는 구실로 삼으려는 의도였다. 그러나 이것은 도리어 역효과를 가져왔다. 국왕의 단발은 고종의 자의도, 내각 전체의 의사도 아니었기 때문에 백성들은 이러한 기만적인 술책에 더욱 반감을 품게 되었다.

당시 일본군은 궁성을 포위하고 대포를 설치하여 단발로 인해 생길 수 있는 분노의 폭발에 대비하여 만반의 준비를 갖추고 있었다. 이러한 가운데 내부대신 유길준 등의 강요에 못이긴 고종은 농상공부대신 정병하에게 "내 머리를 깎으라."고 탄식하며 단발하였고, 이어 유길준이 태자의 머리를 깎았다.

단발령은 내부 고시告示를 통해 당일로 전국 방방곡곡에 일제히 포고되었다. 그와 동시에 그날 밤부터 다음날인 16일 아침에 걸쳐 정부 각 부의 관료와 이속, 그리고 군인·순검 등의 관인들에게 우선적으로 단발을 단행하였다. 그리고 역법을 양력으로 바꾸기로 한 11월 17일에 전 국민에게 단발 실시가 더욱 강요되면서 사회적으로 큰 혼란이 야기되었다. 단발의 강요로 인해 생긴 반감은 개화 자체를 증오하는 감정으로 발전하였고, 이것은 또 '일본화'라는 식으로 받아들여져 곧 반일의식으로 이어졌다. 백성들은 개화를 상징하는 단발령을, 인륜을 파괴하여 문명인을 야만인으로 전락하게 하는 조처로 받아들였던 것이다.

학부대신 이도재는 단발로 인한 이로움은 보이지 않고, 해로움만 당장에 보이고 있기 때문에 명령을 따를 수 없다고 상소하고는 대신직을 사임하였다. 또한 정계에서 은퇴한 원로 특진관 김병시도 단발령의 철회를 주장하는 상소를 하였다. 또 단발의 명을 받은 관리들 중에서도 차마 이를 실천하지 못하는 자가 많았다. 당시 서울에 머물러 있던 지방 사람들은 단발령이 내렸다는 소식을 듣고 서둘러 귀향하였으며, 미처 피하지 못해 강제로 상투를 잘린 사람들도 상투를 주머니에 넣고 통곡하면서 서울을 떠나는 형편이었다. 뿐만 아니라 백성들은 단발을 두려워하여 문을 걸어 잠그고 손님이 찾아오는 것조차 사양하였으며, 혹은 지방으로 임시 도피하기까지 하였다. 그러나 단발령은 서울 뿐만 아니라 지방에서도 머리를 깎는 체두관剃頭官이 파견되어 통행인은 물론 민가에까지 들어가 강행되고 있었다. 단발령 공포 및 그로 인한 민심의 극도의 혼란상에 대해 매천 황현은 마치 현장을 보는 듯 다음과 같이 생생하게 기록해 놓았다.

고종이 단발한 후 안팎의 관료와 백성들에게 명을 내려 일체 단발하도록 하였다. 두루마기周衣 착용을 선포한 이후 단발한다는 소문이 점차 퍼지더니, 10월 중 일본 공사가 고종을 위협하여 일찍 단발하기를 재촉하므로 고종은 인산을 마친 후에 단발하겠다고 하였다. 이때 유길준·조희연 등이 일본인을 인도하여 궁궐 주위에 대포를 설치하고 단발을 하지 않는 사람은 모두 해치겠다고 하자, 고종은 긴 탄식을 하며 정병하를 돌아보고 "네가 내 머리를 깎으라."고 하므로 정병하는 가위를 들고 고종의 머리를 깎고, 유길준은 태자의 머리를 깎았다. 그리고 단발령이 내린 후에는 곡성이 진동하였다. 사람마다 분이 나서 죽으려는 기색을 보이며 곧 무슨 변이라도 일으킬 것 같아 일본인들은 군대를 동원하여 대기하고 있었다. 경무사 허진許璡은 순검들과 함께 가위를 들고 길을 막고 있다가 사람만 만나면 달려들어 머리를 깎았다. 그들은 인가를 침범하여 남자만 보면 마구 머리를 깎았으므로 깊이 숨어 있는 사람이 아니면 머리를 깎이지 않는 사람이 없었다. 그 가운데 서울에 온 시골 사람들은 문밖을 나섰다가 상투를 잘리면 모두 그 상투를 주워 주머니에 넣고 통곡을 하며 성을 빠져나갔다. 머리를 깎인 사람들은 모두 깨끗이 깎이지 않았는데, 긴 머리가 드리워져 그 모습이 장발승長髮僧과 같았다.

이처럼 단발령 실시는 당시의 실정을 고려하지 않은 졸속한 처사인데다가, 더욱이 이를 강제로 집행함으로써 백성들로부터 큰 반감을 사게 되었다. 나아가 단발령은 을미사변과 더불어 반일감정을 격화시킨 결정적 기폭제가 되어, 이를 계기로 전국 각지에서 을미의병이 일어나게 되었다. 특히 이천의병(김하락)·제천의병(유인석)·강릉의병(민용호)·진주의병(노응규)·안동의병(권세연)·홍주의병(김복한) 등이 단발령 직후에 봉기한 대표적인 의진이다.

단발령 공포 직후 격분한 민심을 상징적으로 보여준 인물이 바로 면암이었다. 면암의 이른바 "내 목을 자를지언정 머리털은 자를 수 없다"는 한 토막의 어록이 단발령에 극도로 반발하던 민심을 대변해주고 있

면암이 거의(擧義)를 도모했던 포천향교

다. 단발에 저항한 면암의 일화가 오늘날까지 널리 회자되고 있는 것도 이런 연유라 할 것이다.

면암은 단발령이 공포되자 죽음을 각오하고 의병을 일으킬 결심을 했다. 을미사변 이래로 국운을 항상 근심하고 또 분개하여 침식을 자주 폐하여 오던 차에 단발령이 내려지자, 그 충격을 가눌 수 없었던 것이다. 그는 "고을의 선비들을 대규모로 모아 원수를 갚고 머리를 보전할 계획을 하고, 만일 끝내 뜻대로 되지 않으면 산중으로 숨거나 바다에 빠져 죽어서 종적을 숨기는 것도 자정自靖하는 도리에 해롭지 않다."고 하여 의병을 일으킬 결심을 했다. 면암은 11월 20일(양 1896. 1. 4)에 종제 최정현崔鼎鉉과 같이 포천 향교에 들어가서 통곡하고 공자의 위패를 모신 성묘聖廟를 하직하였다. 이때 향교에 50여 명의 고을 유생이 모였으나, 이들 모두가 한결같이 서울에서 불과 1백 리밖에 떨어져 있지 않은 포천은 거사할 적지가 아니라고 거의擧義를 극구 만류하였다. 이와 같은 상황에서 현감 박영세朴永世가 전통 의관 차림으로 이날 새로 부임하였다. 신임 현감은 부임 즉시 향교로 면암을 찾아와 위로하였다.

> 지금 단발령이 엄중하기는 하나, 본관은 강제로 깎는 일이 없을 것이며, 더구나 합하閤下가 고장을 떠나면 사류士類는 의지할 데가 없고 민심은 안정되지 못할 것이니, 곧 댁으로 돌아가 몸조리를 하면서 앞으로의 일을 살펴보시라.

이러한 현감의 태도로 인해 사람들의 울분이 누그러져 마음이 점차 안정되고, 또 주위의 만류도 있었으므로 면암은 드디어 거사계획을 멈추고 집으로 돌아왔다.

하지만 면암은 단발 거부로 인해 양력 1896년 1월 17일(이하 양력 표기, 음 1895. 12. 3) 유기일과 함께 서울로 압송되어 전동典洞(현 종로구 견지동 일대)의 사관私館에 갇히었다. 면암을 끌고 갈 때 순검 10여 명이 동원되는 등 험악한 공포 분위기가 조성되었다. 고을 사람들은 모두 벌벌 떨며 감히 나오지 못하였다. 그러나 면암은 전통 의관 차림으로 의연히 길을 나섰다. 종제 최정현은 이때 멀리까지 나와 전송하면서 "형님께서 오늘 죽을 곳을 얻었습니다."라고 면암을 격려하였다고 전한다. 또 면암의 두 아들 최영조와 최영설도 부친을 배행해서 상경하였다.

내부대신 유길준은 관소에 갇힌 면암에게 사람을 보내어 단발을 명한 임금의 조칙을 보이며 다음과 같은 말을 전하였다.

금령이 내리면 머리를 깎고 상복上服을 버리고 성으로 들어와야 하는데, 옛날 의건衣巾을 아직도 버리지 않았다 하니 신자의 도리에 어떻겠는가. 혹 시골에 있어서 황상의 조칙을 보지 못해서 그런 것인가.

변복령과 단발령 등 국왕의 조칙을 따르지 않은 데 대해 준엄하게 문책하는 것이었다. 이어 내부 주사 정극경丁克慶·이규진李奎鎭 등을 연이어 보내어 한편으로는 회유하고, 다른 한편에서는 협박하여 단발을 강요하였다. 하지만 면암은 추호의 동요도 없이 호통을 치면서 이들을 물리칠 따름이었다. 이에 유길준은 다시 단발을 강요하는 장서를 보내왔다. 이것을 본 면암은 '금수에게 예의를 말하는 것'과 같다고 무시하며 응답하지 않았다. 그러나 답신을 보내야 한다는 유기일의 주장을 받아들여 그와 연명으로 유길준에게 답신을 보내어 무례를 꾸짖고 대의를 밝혔다.

단발령으로 인해 야기된 정국의 혼란상은 결국 2월 11일(음 1895. 12. 28) 고종이 러시아 공사관으로 피신하게 되는 아관파천으로 귀결되었다. 이로 인해 그동안 기세를 떨쳐온 김홍집 친일내각은 파국을 맞게 되었다. 김홍집·정병하는 종로 거리에서 피살되었고, 유길준·조희연·장박 등은 황급히 일본으로 달아났다. 단발령은 이날 고종이 칙령을 내려 정지되었다.

면암은 고종이 환궁하기를 기다리며 서울에 머물렀다. 주위에서는 귀가할 것을 권유하였지만, 고종의 안위를 걱정한 그는 객지 서울에 머물면서 그해 설을 보냈다. 하지만 고종의 파천이 장기화될 조짐을 보이자 2월 17일(음 1. 5) 하는 수 없이 포천으로 돌아갔다.

수의 守義 – 반일투쟁의 길

면암은 아관파천으로 귀향한 직후인 2월 20일 의병 해산의 임무를 맡은 각 부군府郡 선유대원宣諭大員에 임명되었다. 이때 면암이 받은 칙명은 다음과 같다.

> 슬프다. 하늘이 우리를 돌보지 않아 나라에 해마다 화란이 잇달았는데 지난해 8월 국변에 이르러 극도에 달하였다. 모든 우리 신민으로서 흉적과는 같은 하늘 밑에 함께 살 수 없음을 맹세함은 타고난 천성이니, 서로 이끌고 의거를 주창하는 것은 괴이할 것이 없도다. 지금 역괴逆魁가 죽음을 당하고 흉당이 자취를 감추었으니 실로 다시 의거를 일으킬 필요가 없다. 머리 깎는 일은 본디 위협하여 강제로 시행하려는 것이 아니었고 편의대로 하라는 조칙이 잇달아 내렸으니, 이를 빙자하여 주저하는 것은 매우 이치에 맞지 않는다. 염려하는 것은 다름 아니라 백성들의 의심스런 단서를 타파하지 못하였고 또한 이미 모인 무리들도 갑자기 해산하기 쉽지 않은 것이다. 경은 노성한 인망으로 백성의 표준이 되었으니, 신중한 한마디 말이 반드시 신임을 받을 것이다. 그러므로 특별히 경을 뽑아 선유대원으로 명하여 기내의 여러 군읍과 동서 각부各府의 의거 민중이

모인 지방을 두루 돌아다니면서 조정에서 내린 의사를 백성에게 자세히 선포하게 하는 바이다. 경은 간절히 바라건대, 모름지기 즉일로 길을 떠나 속히 일을 마치고 복명할지어다.

면암의 선유대원 임명 칙명

모름지기 각지에서 일어난 의병을 대상으로 국왕의 명령을 받들어 해산을 선유하는 임무를 부여받은 것이다. 이와 같은 임무를 수행하기 위해서는 백성들로부터 두터운 신망이 있어야 했으며, 그와 같은 견지에서 면암이 최고 적임자였기에 그를 선유대원에 임명하였던 것이다. 그러나 면암은 칙명을 받은 즉시 다음 상소를 올려 선유대원을 사직하였다. 민간에서 우국충의로 일어난 의병의 해산을 권유할 명분이 없다는 이유 때문이었다.

신이 작년 12월 28일의 일(아관파천)을 목격하였는데, 역적의 괴수 김홍집·정병하는 모두 죽음을 당하였으나, 조희연·유길준 이하 여러 적들은 모두 도망쳐 잡지 못하였다. 죄는 시역弑逆보다 더 큰 것이 없고, 시역은 김홍집·정병하·조희연·유길준보다 크게 일으킨 것이 없다. 비록 만 토막으로 베고 십족十族을 도륙하더라도 오히려 신명과 사람들의 분함을 씻을 수 없는데, 지금 죽여서 그 죄를 밝히고 바로잡아 온 나라에 호령하지 않고, 도망갔는데도 그들의 처자를 몰수하여 엄중하게 사찰하여 잡지 않으면서, 단지 보통의 작은 죄처럼 보고서 일체 불문에 부쳐서 가볍게 하기만 힘쓰고 있다. …… 이는 역적을 토죄한다고 이름만 붙인 것이고 실제로는 놓아주는 것이다. 지금 이렇게 하고서 신에게 구차스럽게 변명하는 말을 하여 의병을 일으켜 역적을 토죄하는 민중을 해산시키게 하려하니, 그들이 만일 이러한 일을 가지고 힐난하게 되면 신은 말이 이미 꺾이는데 어떻게 성상의 뜻을 선양할 수 있겠는가. 이것이 신이 이해되지 않는 첫째이다.

…… 신은 듣건대, 각국이 통화通和하는 데에는 이른바 공법이 있고 또 이른바 조약이 있다고 한다. 신은 모르겠지만 공법과 조약에 과연 이웃 나라의 역적을 도와 남의 나라 임금을 위협하고 남의 나라 국모를 시해하라는 문구가 있겠는가. 반드시 그럴 리가 없을 것이다. 만일 없다면 공법과 조약을 어디에 써야 하는가? 이미 공법을 세웠고 조약을 만들었으니, 왜인의 죄를 열거하여 각국에 글을 보내어 군사를 출동시켜 죄를 묻게 하여 분개하고 미워함을 같이 하는 것이 대의이다. 지금 그렇게 하지 못하고 우리는 왜놈이 두려워 입을 열지 못하니 각국도 당연하게 보고 있는 것이다. 지금 여러 고을의 의병이 언필칭 왜적을 토벌하지 않고서는 원수를 갚을 수 없다 하니, 명분이 이미 바르고 말도 순리에 맞다. 가령 신이 유지諭旨를 가지고 내려가서 형세를 들어 타이르다가, 그들이 만일 '대의에 의거하는 것이며 성패를 논하지 않는다.'고 한다면, 신이 무슨

말로 대답하겠는가? 이것이 신이 이해하지 못하는 둘째이다.

　개화 이후부터 선왕의 법제를 모두 고치고 한결같이 왜적의 지휘를 따라 중화를 오랑캐로 만들고 인류를 금수로 만들었으니 이는 개벽 이래 일찍이 없었던 큰 변고인데, 머리를 깎는 한 가지 일은 더욱 심한 것이다. 다행히 성상께서 마음을 돌이켜 의복과 갓까지 모두 편의대로 하라는 분부가 있었으니, 이야말로 하늘의 해가 거듭 밝아지는 때이다. 그러나 위에서 머리를 기르라는 명쾌한 분부가 있었음을 듣지 못하였으므로, 아직까지 머리를 보존하던 몇몇 신하도 도리어 애통하다는 조서가 내린 뒤에 깎았다. 아, 성상의 마음에 어찌 또한 중화와 오랑캐에 대한 향배를 잠시도 늦출 수 없다는 것을 모르셨겠는가. 다만 이미 자른 머리를 갑자기 기를 수 없기 때문에 서서히 처리하고자 한 것이리라. 그러나 저 지극히 어리석은 백성들이 망령되이 서로 짐작하고서 성상께서 오랑캐 따르기를 즐겨서 백성을 많이 속인다고 하며, 서로 와전訛傳하여 깨뜨릴 수 없게 된다면 신이 성상의 유지를 받들고 가서 명령에 따르지 않음을 말하더라도 그들이 반드시 '어찌 명령하는 것이 우리가 좋아하는 바와 반대되느냐.'고 하면 신은 또 대답할 말이 없다. 이것이 신이 이해하지 못하는 셋째이다.

면암이 선유대원을 수락할 수 없는 이유로 위에 든 상소의 요지는 다음 세 가지였다. 첫째, 김홍집 친일내각이 무너졌다고 하지만 여전히 친일 역적이 제대로 단죄·청산되지 않았으며, 둘째, 친일세력을 배후에서 비호하는 일제의 죄상을 성토하지 못하고 있으며, 셋째, 단발령·변복령과 같은 문화적 자존에 충격을 준 정령을 명확하게 철회하고 구제를 복구하려는 의지를 확실하게 천명하지 않았다는 것이다. 요컨대 아관파천으로 외형상 김홍집 친일내각은 붕괴되었지만, 실상 개화와 친일 반민족세력에 대한 역사적 청산이 이루어지지 않고 있으므로 의병의 해산을 설득할 명분이 없다는 논리였다.

하지만 이 상소에 대해 고종은 '지금의 급무는 백성을 안정시키는 것'으로 비답을 내려 즉시 임무를 수행할 것을 다시 명하였다. 그러나 면암은 2월 28일 재차 상소를 올리고 선유대원 취임을 완강하게 거부하였다. 이에 고종은 면암을 대신하여 신기선申箕善과 이도재李道宰를 각각 남로선유사南路宣諭使와 동로선유사東路宣諭使에 차임하여 각지 의병을 해산시키는 임무를 내려 현지로 급파였으며, 이어 3월에는 무관 출신의 이종건李鍾健이 북로선유사北路宣諭使에 임명되어 현지로 떠났다.

그해 여름에는 그동안 피로해진 심신을 가다듬기 위해 포천에서 멀지 않은 운악산(일명 현등산)에 들어가 한 철을 보내고 내려왔다.

그 뒤 시골집에 머물던 면암은 1898년 10월 의정부 찬정贊政에 임명되었다. 5명이 정원이었던 의정부의 전임 찬정은 의정부회의에 참석하여 의결권을 행사할 수 있는 권능을 가진, 오늘날의 국무위원에 상당하는 고위직이었다. 하지만 면암은 역시 상소를 올리고 의정부 찬정을 사직하였다. 이때 그가 올린 상소의 요지는 대략 다음과 같다.

성상께서 자질이 순박하고 인자하며 백성을 사랑하고 옛것을 좋아한다. 그러나 마음이 외물外物에 달리고 성품이 욕심에 습관이 되며, 유약함은 넉넉하나 강단이 부족하며, 작은 일에 밝으나 대체에 어두우며, 아첨을 좋아하고 정직을 좋아하지 않으며, 안일은 알고 노고는 알지 못해서, 30여 년 동안 하늘이 위에서 꾸지람을 내렸으나 깨닫지 못하고 백성이 아래에서 원망하되 돌보지 않아 오늘의 화를 초래하게 된 것이다. 만일 성주의 한결같은 마음을 바로잡는 것으로써 병을 고치는 처방으로 삼아, 허물 고치기를 아낌없이 하고 간언 듣기를 물 흐르듯이 하되, 강건한 용기를 기르고 금석이라도 꿰뚫을 정성을 기울인다면 하늘이 돌보고 신이 도울 것이다. 만일 그렇게 하지 않으면, 현재 강한 적들이 틈을 노리고 도망간 역적들이 반란을 도모하고 있는데, 조정에는 의지할 만한 신하가 없고 백성은 터질 형세가 많으니, 임금의 자리는 고립된 데다가 하늘의 뜻도 헤아릴 수 없을 것이니, 비록 지혜로운 사람이 있더라도 어쩔 수 없을 것이다.

위 상소문의 어투와 내용은 사실 매우 강경하였다. 국왕의 실정을 인신공격의 수준에서 준엄하게 질타한 것이었다. 성품이 욕심과 유약에 기울고 아첨과 안일을 좋아하고, 하늘의 경계를 외면한 것으로 고종을 비판하였던 것이다. 그러나 고종은 면암의 간언을 가납할 만하다고 하며 칙명을 받들도록 비답을 내렸다. 이에 면암은 다시 상소를 올려 의정부 찬정을 사직하면서 아울러 다음과 같은 시무 12조를 진달하였다.

1. 경연을 열어 성학聖學을 보도輔導할 것
2. 음식을 삼가하여 성체聖體를 보호할 것

3. 사인私人을 물리쳐 궁금宮禁을 엄숙히 할 것
4. 관리의 임면을 살펴 조정을 바르게 할 것
5. 백관을 감독하여 실지의 일을 힘쓰게 할 것
6. 법률을 바로잡아 기강을 세울 것
7. 민당民黨을 혁파하여 변란의 계제階梯를 막을 것
8. 상중 출사出仕를 금하여 풍속을 바로잡을 것
9. 세금을 용도에 맞게 쓸 것
10. 군법을 정돈하여 무비를 닦을 것
11. 원수와 역적을 단죄하여 대의를 밝힐 것
12. 중화와 이적의 구분을 엄격히 할 것

곧 면암은 국왕의 정당한 처신을 비롯하여 공정한 법률의 집행, 그리고 대의와 명분을 바로잡는 데 이르기까지 12개 조목으로 나누어 당면한 급무를 제시한 것이다. 그 가운데 제7조목에 언급한 '민당 혁파'는 당시 자주국권·자유민권·자강개혁을 부르짖던 독립협회의 만민공동회 개최 등을 타파해야 한다는 주장을 편 것이었다. 이것은 면암이 지녔던 성리학의 보수적 가치의 일단을 극명하게 드러낸 조목이라 할 수 있다. 이에 반하여 제일 마지막 12조목의 끝에는 "땅 밑의 미약한 양陽을 받드신다면 천만다행"이라고 하여 존화양이론의 구현을 시대적 소임으로 절급하게 인식하고 있다.

의정부 찬정에 이어 1898년 11월에 면암은 궁내부 특진관에 임명되었다. 그러나 그는 두 차례의 상소 끝에 사직하였다. 이때 두 번째 올린 상소에서 그는 1897년 가을에 대한제국을 선포하고 더불어 황제 칭호와 광무 연호를 사용토록 한 조처에 대해 주자학적 명분론의 관점에서 다음과 같이 신랄하게 비판하였다.

경장이란 것은 바로 갑오년(1894) 6월에 김홍집·유길준·어윤중·김윤식·안경수·김가진의 무리가 몰래 박영효와 결탁하여 왜적을 불러들여 임금을 내맡기고 나라를 내맡겨 버린 일(갑오변란)을 말한다. 아, 그때의 변란을 어찌 차마 말할 수 있겠는가. 군부께서 유폐되어 지닌 것은 허기虛器 뿐이요, 종사가 거의 망하게 되어 남은 것은 허명虛名 뿐이다. 궁궐을 유린하고 국법을 없애 4천 년 화맥이 이때에 끊어지고 5백 년 선왕의 선정善政이 이때에 끊어졌으니, 옛날부터 국망의 화가 한 번이 아니었으나 이때보다 심한 적이 없었다.

대저 갑오년의 변란을 훌륭하다고 하고, 나라의 전장典章을 없앤 것을 찬란하게 일신했다고 한다면, 박영효·김홍집·유길준의 무리는 중흥의 일등 공신이 되어야 할 것이요, 왜적이 우리 왕궁을 유린하고 우리 종사를 전복시킨 것이 도리어 크게 우리를 도운 것이 될 것이다. 문명의 조선 소중화小中華를 수일본小日本으로 만들어 놓고 천명이 새롭다고 한다면, 오랑캐를 따르는 수치는 없고 중화를 바꾸는 다행만이 있을 것이니, 이는 기만이 될 뿐이다. 당당한 천승의 나라로서 진실로 스스로 높아지고 싶으면, 이와 같이 황통이 오래 끊어진 때를 당하여 권도權道로 황제라 불러도 그다지 의리에 해롭지 않은데, 구구히 서양 각국의 예를 모방하였으니, 이는 욕이 될 뿐이다. 무욕誣辱이 이와 같을진대, 성명께서 바야흐로 거만하게 스스로 큰 체하여 오직 서양 각국과 함께 동등하게 된 것을 기쁘게 여기고 있다. 위령威令이 금문禁門을 나가지 못하면서도 실상이 없는 명칭만 가지고 있고, 위망危亡이 조석朝夕에 이르렀는데도 아첨하는 말만 믿으시며, 유식한 사람의 비웃음을 불러들이고 후세의 조롱거리를 남기니, 성명께서 장차 무엇을 영화롭고 귀하게 여기시려는가.

곧 면암은 1894년 6월(음) 일제의 군사적 침략으로 야기된 갑오변란에서 비롯된 갑오경장의 폐해와 그 실상을 규탄한 뒤, 실상 없이 허명뿐인 대한제국 황제 칭호의 부당성을 통렬하게 비판한 것이다. 더욱이 면암의 안목에서 볼 때, 대한제국의 황제 칭호와 체제가 오랑캐로 본 유럽 제국의 모방으로 간주되었던 까닭에 그에 대한 분노는 당연한 귀결이었다. 『황성신문』에서는 면암의 상소 사실을 보도하면서 "갑오 이후로 전후 나랏일이 잘못된 것이 다 다른 허물이 아니라 법률이 밝지 못한 까닭(1898년 11월 12일자)"이라고 그 요체를 소개하였다.

1899년 가을, 면암은 동향의 여러 선비들과 함께 향약鄕約을 약정하였다. 향약을 조직하는 일은 동향의 명망가인 제산霽山 이승렬李承烈이 주관하였고, 명륜당에 모인 여러 선비들이 면암을 도헌都憲으로 추대하였다. 이에 면암은 중국의 여씨향약呂氏鄕約과 율곡 이이가 시행한 향약의 고례를 참작하여 절목節目을 강정講定하고 서고문誓告文을 지었다.

1900년 음력 1월 4일, 면암은 설을 막 지난 이날에 눈보라를 헤치며 68세의 노구를 이끌고 가평 조종암朝宗巖에 가 대통단大統壇의 제향에 참례하였다. 조종암은 가평군 조종면 하곡荷谷의 시냇가에 있는 큰 바위

이름이다. 여기에는 명나라 의종毅宗이 쓴 '생각에 사악함이 없다'는 뜻의 '사무사思無邪' 3자와 '만번 꺾여도 반드시 동쪽이며, 번방을 다시 지켜주었다'는 뜻으로 명나라에 대한 의리를 새긴 선조의 글씨 '만절필동萬折必東 재조번방再造藩邦' 8자 필적이 새겨져 있다. 또한 우암 송시열이 효종의 어록을 새긴 '날은 저물고 길은 먼데, 지극한 아픔이 마음에 있다'는 의미의 '일모도원日暮途遠 지통재심至痛在心' 8자도 아울러 새겨놓았다. 그 위에 '조종암朝宗巖'이라고 새긴 전서는 선조의 손자인 낭선군朗善君 이우李俁의 글씨이다.

면암 등 화서문파의 성지였던 가평의 조종암

그 후에 명나라 9의사의 후손인 왕덕일王德一·왕덕구王德九 형제가 1831년 제단을 조종암 동쪽 벼랑에 설치하고, 매년 음력 1월 4일에 제향을 올리면서 이름을 대통단大統壇이라 하였다. 중암·성재를 비롯하여 화서학파의 문도는 예외 없이 춘추대의적 의리와 명분을 상징하는 성지聖地로 이곳을 인식하고 자주 참배하였다. 면암 역시도 젊은 시절에는 이곳을 자주 참배하면서 의리와 명분의 신념을 더욱 굳건히 다졌다. 노년에 들어와 이해에 굳은 결심으로 제향에 참례하고 또 강회도 베풀었던 것이다.

면암은 이 무렵 동문 후배인 용계龍西 유기일柳基一로부터 거의 의절을 당하다시피 하면서 노년에 큰 고통을 당하게 된다. 유기일은 수년전 심설논쟁 당시 그동안 스승으로 섬겨오던 성재를 무척誣斥하면서 큰 물의를 일으킨 인물이었다. 이에 면암은 성재를 무척한 행위의 부당성을 지적하고 그동안의 교분을 생각하여 그 반성을 촉구하는 편지를 그에게 보냈다.

> 성옹省翁의 심설을 조보調補한 논설은 낭주廊柱의 잘못으로 후학의 의심을 일으키는 일을 면하지 못하였다. 그러나 그분의 한가닥 애쓴 마음을 분명히 볼 수 있는 것은 오직 스승의 논설이 혹 한 편에만 치우쳐서 혹 도리가 다 밝혀지지 못할까 염려한 것이니 이것으로써 그의 죄를 감정勘定한다면 다만 지나친 걱정이요, 지나친 염려일 뿐이다. 그러나 그가, 남이 못 본 것을 홀로 본 지혜로움과 흔들리지 않은 용기는 단연코 사사로운 뜻을 고집하는 자와는 비교할 수 없다. 하물며 그대가 말한 '스승을 배반했다', '스승을 무함했다', '스승을 팔았다'라는 말은 어찌 털끝만큼이라도 당할 말이겠는가. '중옹重翁의 수명을 재촉했다.'는 말은 성옹을 무함하려다가 도리어 중암을 무함한 줄 모른 것이니, 이는 그대가 중옹을 의지해 따른다고 하지만 실상은 배반하여 공격하는 소행보다 더 심한 것이다. …… 그대가 항상 화옹은 아버지 같은 스승이고, 성재는 형과 같은 스승인데 '형이 아버지를 배반하면 차라리 형을 저버릴지언정 아버지는 차마 저버리지 못한다.' 했으니, 이 의리는 진실로 준엄하다. 그러나 지

금 아버지를 배반한 형이 없으며, 설사 있다 하더라도 아우로서 형을 대우하는 도리가 있어야 하는데 어찌 성질을 부리며 형의 팔을 비틀어 구덩이에 밀어 넣고도, 혹 빠져나올까 염려하여 또 돌로 내리치며, 그러고도 부족하여 또 죄악으로 단련하고 허무한 말을 날조하여 꽁꽁 묶고 철망까지 씌워 결국 천하 후세에 용납하지 못할 난적의 괴수로 만들어 놓고 또 큰 길거리에 달려가 아는 사람 모르는 사람에게 도움을 청해야만 하겠는가. 아, 아버지를 위한 정성은 비록 지극하다 하겠으나 유독 형에게는 여지없이 해야 하는가. 만일 형의 죄가 털끝만큼이라도 그 말과 같지 않다면 자신의 몸은 어디에 처할 것인가.

요컨대, 면암은 선사 화서를 호위하려 했던 성재의 절박한 고충에 대해서는 십분 이해를 함께 했기 때문에, 이런 성재의 충심衷心을 무시하고 일방적으로 그를 맹비난한 유기일에 대해서는 이처럼 혹독한 비판을 가하지 않을 수 없었다.

이 편지를 본 유기일은 절교를 통보하는 것으로 간주하고 불같이 노했다고 한다. 이후 양인의 관계는 완전히 단절되고 말았으며, 유기일은 1904년에 작고하게 된다. 면암은 심설논쟁 이후 일생동안 두텁게 교분을 쌓아오던 유기일과 불편한 관계에 놓이고, 나아가 이 때에 와서 사실상 의절하게 되자 마음에 큰 상처를 입게 되었던 것으로 보인다. 면암이 뒤이어 호서로 이거하게 되는 이유 가운데 하나도 그 직전에 있었던 유기일과의 의절 사건에 있었던 것으로 짐작된다.

05 대한 선비의 기개

호서 정산 이거

1900년 음력 4월에 면암은 먼저 가족을 충남 정산定山으로 내려보냈다. 어려서부터 살아온 고향인 포천 가채리를 떠나 정산으로 이거하기로 한 것이다. 이어 면암은 남행길에 올라 경주를 거쳐서 그해 음력 8월에 드디어 정산에 도착하였다. 그의 나이 68세 때의 일이다.

문인 이장우李章宇를 데리고 포천에서 시작한 여정旅程을 보면 다음과 같다. 포천에서 가평을 거쳐 춘천의 관천冠川에 이르러 고흥유씨 집안의 진시인 신재信齋 유중식柳重植을 방문하였고, 이어 구룡전九龍田을 지나던 중에는 동문 후배인 항와恒窩 유중악柳重岳을 찾았다. 홍천의 철정哲亭에 이르러서는 화서의 사손祀孫인 이승조李承祖를 방문하고 선사의 사판祠板을 배알하였다. 지평의 광탄廣灘(현 양평군 용문면 관내)을 지날 때는 양헌수의 손자인 양경환梁景煥을 찾았으며, 지평 거산巨山에 이르러 동문 후배인 금계錦溪 이근원李根元을 방문하였다. 원주 주천酒泉에 이르러서는 처

면암의 정산 처소인 구동정사(龜洞精舍)

가처家를 방문하였다. 당시 면암의 처남 한용덕韓用悳 및 그의 아들인 도사 한창리韓昌履는 이미 작고했고, 한창리의 모친과 부인 심씨沈氏, 그리고 어린 아들이 여주에서 이곳으로 와 정착해 있었다. 제천에 도착해서는 먼저 의림지를 둘러보고, 장담長潭에 이르러서는 성재의 아들인 유의석柳毅錫을 방문하였다. 죽령을 넘어 영주에 이르러서는 퇴계 이황이 이름지은 영훈정迎薰亭에 올랐다. 예안으로 들어가 도산서원을 배알하였으며, 퇴계 이황의 사손 이충호李忠鎬를 찾은 다음, 퇴계의 묘소에 배례하였다. 안동을 지나면서 영호정映湖亭에 올라보고, 영천을 지나 드디어 경주에 도착하였다. 면암은 먼저 교촌校村(현 교동)의 종인宗人 최현식崔鉉軾을 방문하였다. 이른바 경주 최부자집의 주인으로, 뒷날 다대한 군자금을 제공하는 등 독립운동에 헌신적으로 참여하게 되는 최준의 부친이었다.

경주에서는 낭산서당狼山書堂에 올라 최치원의 영정을 봉심奉審하였다. 배반동에 있던 이 서당은 최치원의 독서당으로 후손이 중수하였으나 현재는 터에 비석만 남아 있다. 이어 서악서원西岳書院을 봉심하였으며, 포회浦會에 가서 대원군 시절에 훼철된 용산서원龍山書院의 옛터를 찾고, 문산서당汶山書堂에 가서 우암 송시열의 영정을 배알하였다. 양좌동良佐洞(현 강동면 양동마을)에 가서 회재晦齋 이언적李彦迪의 사당을 배알하였다. 또 옥산玉山(안강읍 관내)에 가서 서원을 참배하고 인종의 어필御筆을 봉심하고 여러 현인이 남긴 글을 열람하였다. 면암은 한 달여에 걸쳐 경주에 머물면서 여러 고을의 명승과 고적을 둘러보고 많은 인물들을 찾았다.

경주를 떠나 돌아올 때는 대구로 가서 여러 인사들과 교유하고 명승을 유람하였다. 환성정喚惺亭(현 서변동 소재)에 올랐고, 저명한 학자 만오晩悟 최정한崔廷翰과 임재臨齋 서찬규徐贊圭를 찾았다. 이러한 여정을 끝내고 면암이 새로 이사한 정산에 도착했을 때는 그해 가을 무렵이었다.

정산에 이거한 면암은 제일 먼저 강회를 열었다. 선비들의 모임인 강회는 학문 토론의 장인 동시에 특정 사안에 대한 의견 수렴과 대화의 장이기도 했다. 음력 10월에 면암은 인근의 선비들을 자신의 구동정사龜洞精舍에 모아 학문 토론을 명분으로 강회를 열었던 것이다. 이 강회는 위태로운 국운과 도학의 앞날을 걱정하고 그 대책을 토론하는 자리가 되었을 것으로 짐작된다. 이후 면암은 한동안 강학과 저술에 전념하면서 도학적 관점에서 시국의 흐름을 지켜보고 있었다.

면암이 항일지사들과 교유하면서 구체적으로 모임을 갖게 되는 계기는 역시 정산 이거였다. 그는 1901년 음력 4월에 임피臨陂의 낙영당樂英

면암이 방문한 경주 최부자댁

堂(현 군산시 성산면 고봉산 기슭 소재) 강회에 참석하였다. 강회 주인은 후일 을사조약에 반대해 순국한 연재淵齋 송병선宋秉璿이었다. 연재는 판서 이용원李容元을 통해 면암에게 참석을 요청하였던 것이다. 아이러니하게도 명문거족 출신의 이용원은 얼마 뒤 친일파로 변신하여 일제의 한국 병탄에 공을 세워 남작 작위와 함께 거액의 소위 은사금을 받게 되는 변절자가 되었다.

강회에 참석하기 위해 임피로 가는 동안 면암은 여러 인사들과 만났다. 면암이 만난 인사들의 면모를 보면 이용원을 예외로 하고는 후일 대체로 항일전선에 투신하게 되는 인물들이었다. 청양에 들러 이용원을 만난 다음 남포로 가서 화서학파 동문 후배인 희당希堂 윤석봉尹錫鳳을 예방하였고, 보령에서는 지산志山 김복한金福漢을 만났으며, 그리고 서천에

연재 송병선의 서재인 임피의 낙영당(樂英堂)

서는 죽헌竹軒 신태진申泰鎭을 방문하여 향음례를 행하였다. 비인에 이르러서는 이우당二憂堂 조태채趙泰采의 묘를 참배하고, 도만道灣에서는 명암明菴 신협申梜을 찾았다. 이어 면암은 죽헌·명암을 데리고 함께 옥구에 이르러 자천대紫泉臺를 구경한 뒤 드디어 낙영당에 도착하였다.

낙영당 강회에는 인근의 학자들뿐만 아니라 후일 호남의병을 선도하게 되는 전해산全海山과 이석용李錫庸 등의 지사들도 참석하였다. 곧 이 강회는 지사, 유생들이 상호 결속을 다지고 일제의 침략상을 성토하면서 후일 거사를 도모하고 기약하는 모임이 되었던 셈이다.

면암은 1902년 4월 70세의 고령으로 궁내부 특진관에 제수되었다. 그러나 그는 자신의 의리에 합치되지 않는다는 이유로 상소를 올리고 사직하였다. 그해 5월에는 70세 노인의 우대를 받아 정2품 품계인 정헌

면암이 남행시 들렀던 함양의 학사루(學士樓)

대부正憲大夫에 올랐다.

  면암은 70세 노구를 이끌고 그해 봄에 영남지방으로 원행을 떠나 지리산 정상에 올랐다. 이번 여행은 5개월간 수천 리에 걸친 여정이었다. 문인 곽한소郭漢紹를 대동한 면암은 먼저 공주 공암孔巖을 지나 옥천에 이르러서는 우암의 8대손으로 퇴관 후 향리에 우거해 있던 입재立齋 송근수宋近洙와 그의 종질되는 연재 송병선을 연달아 방문하였다. 이어 안의安義로 들어가 그곳의 명소인 수승대搜勝臺와 광풍루光風樓에 오르고 정여창을 배향한 남계서원藍溪書院을 찾아 배례하였다. 함양에 가서는 고운 최치원을 기리기 위해 건립한 학사루學士樓와 고운이 직접 심었다고 전해지는 상림上林을 둘러보고 단성으로 내려가 신안정사新安精舍에서 2일간 유숙하였다. 그때 노사 기정진의 문인으로 합천의 명유였던 애산艾山

정재규鄭載圭와 역시 노사의 문인으로 하동의 선비였던 계남溪南 최숙민崔淑民이 함께 와서 상면하였다.

면암은 하동 가로내橫川를 거치고 벽계암碧溪巖과 문창대文昌臺를 지나 지리산 정상인 천왕봉에 올랐다. 하산 때에는 산천재山天齋로 내려와 남명南冥 조식曺植의 묘소를 참배하였다. 이어 삼가三嘉를 지나 합천 가야산으로 들어가 해인사와 최치원의 사적을 비롯하여 여러 명승을 유람하였다. 다시 진주로 내려가 촉석루矗石樓에 올랐고, 임진왜란 때 순국한 김시민 장군 등의 위패를 모신 창렬사彰烈祠를 참배한 뒤, 다시 하동으로 갔다. 화개에 있는 정여창의 유적 악양정岳陽亭을 보고 이어 쌍계사雙溪寺로 들어갔다. 그리고 호남 경계로 들어가 구례 화엄사華嚴寺와 남원 천은사泉隱寺를 모두 둘러본 뒤, 추석을 앞두고 드디어 정산 집으로 돌아왔다.

상경 상소투쟁

면암이 정산에 정착해 있던 무렵 한반도에 대한 패권을 둘러싸고 러시아와 일본 간에 숙명의 일전이 벌어졌다. 일본군의 선제 기습으로 1904년 2월 러일전쟁이 일어난 것이다. 대한제국의 운명은 그 전쟁의 승패에 따라 결정될 처지에 있었다고 해도 과언이 아니다. 이 전쟁으로 인해 일제의 국권침탈의 기세는 더욱 거세어졌고, 중앙 정국은 거의 혼돈 상태에 놓이게 되었다. 이 시기는 곧 대한제국이 맞이할 비극적 운명의 전야였던 셈이다.

러일전쟁의 발발 이후 일제의 국권침탈이 노골화되던 참담한 상황에서 절대 통치권자로서 고종은 절박한 위기감을 피부로 느끼고 있었다. 고종이 정국의 개혁방안에 대해 구언을 청하기 위해 면암을 소명한 것은 이 무렵이었다. 노숙하고도 강직한 이미지를 가진 면암은 고종에게 위안과 원조를 줄 수 있는 인물이었던 셈이다.

1904년 8월, 면암은 궁내부 특진관과 의정부 찬정에 연이어 임명되었다. 그러나 면암은 상경하지 않고 사직 상소만 올린 채 계속 정산에 머물러 있었다. 그리고 그해 가을에는 정산 향교에서 인근의 유생들을 모아 향음례鄕飮禮를 거행하였다. 하지만 고종의 소명이 계속되자, 면암은 드디어 상경길에 올랐다.

양복 정장 차림의 고종

면암이 고종을 배알한 것은 1905년 1월 7일이었다. 이날 수옥헌漱玉軒(경운궁 중명전)에서 면암을 만난 고종은 다음과 같이 말하였다.

경은 본디 강직한 까닭으로 남들과 화합하지 못함을 짐도 벌써 아는 바이다. 또 연전에 올린 소사疏辭는 귀에 거슬리는 것이 비록 많았으나 짐의 마음에는 그것이 옳은 줄을 알면서도 시세 형편에 구애되어 변통하기가 어려웠다. 그러나 지금 어려운 걱정이 심한 이 마당에, 경의 바로잡아 구제하는 방책을 기다리는 까닭으로 이에 특히 불렀다. 경의 훌륭한 계획을 어찌 받아들이지 않겠는가.

이에 면암은 소매 속에 준비한 5조의 차자를 올리고 직언하면서, 명분을 밝히는 정사에 매진해줄 것을 간언하였다.

오늘날 인심이 풀어져 흩어짐은 모두 을미년 변고 이후에 복수하려는 뜻이 없고, 복수하려는 정사가 없었기 때문이다. 만약 복수하려는 뜻과 복수하려는 정사가 있었더라면 민심이 저절로 확고하여 오늘날의 어지러움은 없었을 것이다. 신이 근일에 내린 조칙을 여러 번 보았는데 애통한 뜻이 말 밖에 넘쳐 나와 널리 퍼졌으나, 실로 혜택이 아래까지 미침을 보지 못하였으니, 이것은 무슨 까닭인가. 이것은 폐하께서 한갓 겉치레文具만 일삼고 성실한 마음으로 성실한 정사를 행하지 않았기 때문이다.

이때 면암이 올린 차자의 요지는 다음과 같다.

저 민회民會(일진회를 말함)라는 것은 여러 불평하는 무리를 모아 결탁하고 잘못을 꾸민 것이 이미 하루 이틀이 아니다. 밖으로는 강한 이웃 나라의 세력을 끼고, 안으로는 조정의 정사에 사단을 핑계하여, 임금의 엄한 명령도 모르고, 정부의 대관도 모를 지경이다. 죄수를 마음대로 빼앗고 입에서 나오는 대로 욕을 하며, 심지어는 궐문 앞에 모여 우는 변괴까지 있다. 아, 기강이 끊어지고 명분이 없어졌는데, 나라가 어떻게 될 것이며 사람이 어떻게 되겠는가. 이들도 모두 선왕의 적자赤子이며 예의로 다스리던 유민遺民이다. 처음부터 화란을 즐기며 기뻐하는 성품을 지닌 사람들이 아니며, 또한 임금을 존대하고 윗사람을 사랑하는 마음이 없던 사람들이 아니다. 그런데 어찌하여 이렇게 하루아침에 성질이 변하고 마음을 바꾸기를 이토록 극단에 이르게 된 것인가. 아, 이 어찌 한심스럽고 통탄스런 일이 아닐 수 있겠는가. …… 대체로 저 난민의 무리는 패악하다고 하면 패악하고, 역도라고 하면 역도이다. 그 죄상을 논한다면 마땅히 처벌해야 하니, 무슨 의심이 있겠는가. 그러나 어찌 정부에서 행하는 일이 화란을 자초하게 된 까닭을 생각하지 않는가.

곧 면암은 1904년 결성된 친일 매국단체인 일진회가 국기國紀를 문란케 한 죄상을 성토하는 한편, 정부의 무능과 안일을 지적하면서 그 각성도 아울러 촉구한 것이다. 또 어진 인재를 선발하여 정부 직책을 맡기고, 세금을 과도하게 거두는 일을 금지해서 백성을 보전할 것이며, 학교를 세워서 인재를 양성하고, 신의로서 이웃 나라와 교섭하며, 나라의 예법을 바로잡아 말세의 폐단을 구제할 것 등 다섯 가지를 건의하고 정책에 반영할 것을 요구하였다.

면암은 고종을 배알하고 물러나와 곧바로 귀향하지 않았다. 자신이 올린 건의가 수용되기를 기다리면서 포덕문布德門 밖 향축과香祝課에서 대명待命하였다. 면암은 자신의 건의가 수용되지 않자, 6일 뒤인 1월 13일에 다시 상소를 올려 다음과 같이 강경한 문투로 자신이 건의한 내용을 수용해줄 것을 다시 한 번 촉구하였다.

지금 신이 궐문 밖에서 명을 기다린 지 벌써 6일째이다. 신의 말이 옳다면 채납하여 날이 저물도록 기다리지 않아야 되고, 만약 옳지 않다면 지척指斥하여 죄를 주는 것도 아끼지 말아야 한다. 그런데 옳아도 채납하지 않고 옳지 못해도 지척하지 않으니, 이것은 폐하께서 바로 신을 희롱하는 것이다. 신이 보잘것없으나 또한 수치스러움은 아는데 폐하께서 어찌 신하를 가볍게 봄이 이에 이르렀는가.

요컨대, 면암은 자신이 건의한 시무책의 타당성 여부를 검토해서 즉시 시행하도록 촉구하면서, 정부에서 아무런 대응을 하지 않고 있는 것은 자신을 업신여겨 무시하는 처사라고 간주한 것이다.

서울에 머물던 면암은 1905년 1월 29일(음 1904. 12. 24) 두 번째 상소를 올렸다. 자신이 서울을 떠날 수 없는 이유를 밝히면서, 아울러 다음과 같이 일제로부터 차관을 도입하는 잘못을 지적하였다.

먼저 외국에서 차관하려면 반드시 전당하는 물건이 있을 것이며, 전당하는 물건은 반드시 토지로 할 것이다. 토지는 폐하께서 선왕으로부터 강토와 인민을 잘 보존하라고 물려받은 것인데, 하루아침에 남에게 주고자 하는가. 또 차관을 빌려서 장차 어디에 쓸 것인지 신은 모르겠다. 액수를 떠나 차관하는 날이 바로 나라가 망하는 때이다. …… 진실로 이 화패禍敗의 연유를 찾는다면 모두 '의부依附' 두 자가 병이 된 것이다. 신은 원하건대, 성상께서 다른 나라에 의부하는 근성을 끊고 뜻을 확립하여 흔들리지도 굽히지도 말고, 차라리 자주自主하다가 망할지언정 의부해서 살지 말아야 할 것이다. 무릇 여러 신하 중에 외국에 의부하는 자는 모두 저자市에서 죽여 온 나라에 호령할 것이다. 그런 다음에 내수內修하는 방법을 부지런히 힘쓰고 자강自强하는 계책을 빨리 도모하시라.

곧 면암은 차관 도입이 국망의 지름길이라 확신하였고, 그와 같은 '화패禍敗'의 근본 원인은 '의부依附', 즉 다른 나라에 대한 의타심에 있다고 보았다. 나아가 면암은 차관을 도입해서 망하는 것보다 차라리 '자주'를 수호하다 망하는 것이 의리에 더 합당할 것이라고 역설하였다. 면암이 견지했던 자주의식의 일단을 극명하게 보여주는 대목이다.

실제로 일제는 1894년 청일전쟁을 일으킨 이후부터 적극적으로 차관을 빌리게 하는 공세를 취하여 두 차례에 걸쳐 30만 원과 3백만 원의 차관을 들여오게 했다. 일제의 차관 공세는 1904년 제1차 한일협약 이후 더욱 노골화되어, 1906년까지 네 차례에 걸쳐 1,150만 원의 차관을 도입토록 하였다. 그 가운데 제1차 차관이 바로 1905년 1월 면암이 서울에 머물러 있던 시기에 '폐정리자금채幣整理資金債'라는 명목으로 해관세를 담보로 도입토록 한 3백만 원이었다. 일제는 차관 공세를 통해 대한제국의 재정을 일본 재정에 완전히 예속시키는 한편, 식민지 수탈과 착취를 위한 사전 정지작업을 벌이고자 했던 것이다. 면암은 이와 같은 차관의 침략 속성을 명확하게 간파하고 있었던 셈이다. 그 뒤 1907년에 일어난 국채보상운동이 전국적으로 확산될 수 있었던 원인도 차관 도입이 갖는 명백한 침략성에 있었다.

면암은 차관 공세의 부당성과 침략성을 지적하였지만 정부에서 아무런 조치를 취하지 않았다. 이에 그는 며칠 뒤 세 번째 상소를 올려 다시 한번 이를 성토하였다.

> 신이 그저께 올린 소장에 떠날 수 없는 의리를 말하고, 말미에 차관하면 나라가 반드시 망하고 외국에 의존하면 반드시 화를 당한다는 것을 아뢰었다. 말은 비록 망령스러웠으나 이치는 실상 분명하고 곧으니 폐하께서 느껴 깨닫고 조정도 깨우쳐 살피기를 바랐다. 그런데 내리신 비지를 받으니, 겉치레하는 예사 투식套式에 불과하니, 상소의 뜻을 전혀 살피지 않은 듯하여 신은 당혹해서 탄식했다.

앞의 소장도 마찬가지지만 위 상소도 실로 강경한 어투와 내용으로 일관되어 있었다. 강직한 면암의 성품이 이 상소에도 잘 드러나 있는 것이다.

면암은 실로 음력 갑진년 섣달(양력 을사년 정월) 한 달을 도성에 머물며 집요하게 상소투쟁을 벌이고 있었다. 고종을 만나 직접 차자를 올린 것을 필두로 해서 수차에 걸친 상소로 일제 침략의 실상을 경고하고 나아가 정부대신의 무능과 부정, 국가기강의 문란을 맹렬하게 성토했던 것이다. 고고한 면암의 상소투쟁에 대해 남정철南廷哲·조병호趙秉鎬·김학진金鶴鎭 등도 상소를 올려 성원해 주었지만, 기울어가는 국운을 바로잡기에는 이미 때를 놓친 뒤였다. 이에 면암은 외로이 도성에서 묵은해를 보내는 세모의 감회를 담아 그믐날 밤에 절구 한 수를 지었다.

세모의 우리나라	歲暮三韓國
우리 임금 성스럽고 밝으니	吾王自聖明
외로운 신하 과분한 사랑 받아	孤臣偏被眷
쌓인 죄에도 이제까지 살아있네	積罪至今生

일제 헌병대 구금

서울에 머물러 있던 면암은 1905년 2월 17일 전격적으로 경기도관찰사에 제수되었다. 그는 격분하여 즉시 사직소를 올렸다. 먼저 경기도관찰사 직책을 사직할 수밖에 없는 이유에 대해

아, 신이 지난번에 물러가라는 명을 받은 지 지금 한 달이 가까워졌다. 폐하께서 신을 가볍게 대하고 매우 싫어하는 것을 모르지는 않는다. 신이 그래도 서둘러 물러가지 않고 갈림길 사이에서 배회하며 머뭇거리는 것은 어찌 다른 뜻이 있어서이겠는가. 성심이 만에 하나라도 돌리고 깨우쳐서 천일天日의 밝음을 다시 보기를 바라기 때문이었다. 그런데 근일에 내린 은명에 신을 경기도관찰사로 삼는다는 것을 보고 폐하께서 국가의 흥망에 뜻이 없어 신 한 사람도 용납하지 않음을 더욱 확실하게 알았다.

일제의 한국주차헌병대 건물(현 서울 숭례문 수입상가 입구)

라고 하여, 자신이 그동안 줄기차게 건의한 시무책을 정부에서 무마 호도하기 위해 이처럼 관직을 제수한 것으로 간주하고 이를 강력히 성토한 것이다. 이어 정국을 수습하고 국권을 회복할 방안으로 부일 매국적을 단죄할 것을 다음과 같이 주장하였다.

실로 성심부터 크게 분발하시어 환도環刀를 가지고 서안書案을 찍고 일어나서, 먼저 나라를 팔고 정사를 어지럽힌 적신賊臣 5~6명을 잡아다가 저자市에서 찢어 죽이고, 또 좌우에 벌여둔 진기한 노리개 등속을 모두 깨뜨려서 천하에 사사로운 정이 없다는 것을 보이기 바란다. 다음으로, 간특하고 아첨하는 무리를 각각 죄에 따라 벌주거나 귀양을 보내소서. 그리고 나이 지긋하고 경험과 덕망 있는 사람을 뽑아 정부의 수반首班에 두고, 어진 인재를 선발하여 여러 직책을 맡겨 성과를 책임지도록 하라. 모든 정령 가운데 나라를 병들게 하고 백성을 해치게 하는 것은 낱낱이 제거하며 밤낮으로 선정을 베푸는 데 힘쓰라.

하지만 면암은 재경 상소투쟁으로 인해 3월 11일(음 2. 6) 일제의 이른바 한국주차헌병대에 끌려가 고초를 겪었다. 지난 1월에 면암이 고종의 소명에 응하여 서울에 올라와 상소투쟁을 벌이게 되자, 『황성신문』 등 언론에서는 면암의 동정을 거의 매일같이 일거수일투족 자세하게 보도하였다. 상소문을 전재하거나 국역하여 소개했을 뿐만 아니라 황제의 비답까지 게재하였으며, 나아가 면암의 안위와 처소 등 동향에 대해 자세하게 전하였다. 일례로 면암이 1월 7일 고종을 배알하여 수차를 올린 뒤 나아가 대궐 밖에 머물며 명을 기다리다가 다시 상소를 올리던 저간의 정황에 대해 『황성신문』(1월 23일자)에서는 다음과 같이 보도하였다.

근일 찬정 최익현씨가 연로한 유재儒宰로 산림에 물러나 있다가 누차 부름을 받고 이르러 지난날 등대한 자리에 민회民會와 전례典禮로 힘써 연주筵奏하고 또 수차袖箚를 올리기를 무릇 만여언萬餘言에 그 말이 매우 장황하여 전문을 기재하기 어려운 고로 그 조강條綱을 약촬略撮하건대 무릇 다섯 가지이니 …… 이미 물러난 뒤로 사저에 돌아가지 않고 궐문 밖에서 황제의 명을 기다리다가 또 한 소를 계속하여 올린 고로 그 소본과 비지는 이미 전보前報에 게재했거니와 대저 공의 강직은 성상이 인정한 바라.

그 당시 일반 민중에 파급되는 면암의 영향력, 또는 면암에게 바라는 일반 민중의 기대감이 얼마나 컸는지 충분히 짐작된다. 뿐만 아니라 경기도관찰사를 사직하면서 일제 침략상과 부일매국적 단죄를 주장한 면암의 사직소는 3월 6일과 7일 양일간에 걸쳐 『황성신문』에 그 전문이 실리면서 일제를 크게 자극하였다.

이처럼 면암이 두 달가량 서울에 머물면서 상소투쟁을 전개한 것은 러일전쟁을 도발한 이후 대한침략을 가속화해 오던 일제의 침략상을 폭로하고 항일 적개심을 고취하는 데 크게 기여하였다. 치안과 한일 양국의 우호증진에 방해가 되기 때문에 면암을 구금했다는 일제의 명목상 이유를 보아도 그러한 정황은 충분히 짐작된다.

사실, 일본공사 하야시 곤스케林權助는 면암이 상경하여 상소 항일투쟁을 펼치던 초기부터 면암의 동정과 일반 민심의 향배를 예의주시하고 있었다. 면암이 고종을 만나 일제 구축과 국권 수호 방책을 건의하고 뒤이어 그 실행을 촉구하는 상소를 올리던 즈음인 1905년 1월 중순, 하야시 공사는 면암의 상경투쟁 정황에 대해 자국의 외무대신 고무라 주타로小村壽太郎에게 다음과 같이 보고하여 그 경계를 늦추지 않았다.

찬정 최익현은 현대의 부패에 말려들지 않는 자로서 다소 청렴한 것으로 명망이 있는 자임. 오래도록 황제의 명이 있어도 응하지 않았는데, 이번 한국 황제의 간절한 소명에 따라 입경하여 알현시에 시폐를 극론하고 읍간하면서 오로지 시정개선의 실행을 강요하였지만, 기울어진 정계의 문란은 아무리 하여도 동씨의 주언奏言으로서도 해결될 수 없었고 일반에서도 단지 근래에 없었던 쾌언快言이라고 하면서 간과하였음.

위 인용문을 통해 보면, 일제는 면암의 청렴 강직한 성품과 강경한 항일 상소투쟁의 전개, 그리고 인민의 여론환기 실상 등을 세밀하게 파악하고 있었으며, 그에 따라 면암의 동정을 예의주시하였음을 알 수 있다.

일제는 그 뒤 경기도 관찰사를 사직하며 한일의정서 체결 등 일제의 국권침탈을 강력히 규탄하던 면암의 상소가 『황성신문』에 이틀간 연재되면서 한국민의 항일투쟁을 선도하게 되자, 일제는 이를 결코 좌시할 수가 없었다. 이에 하야시 공사는 3월 9일 외부대신 이하영에게 조회하여 일본을 가리켜 '수적讐敵'이라 하는 등 국교에 손상을 가져왔다면서 왕산 허위와 더불어 면암을 엄중히 처벌할 것과 반일활동이 전국적으로 확산되는 것을 막기 위해 일제 측에서는 필요한 조치를 취할 것이라고 통고하였다. 구금이 임박했음을 사전이 예고한 것이었다.

면암은 1월 초에 상경한 이후 줄곧 포덕문 밖 향축과의 차가운 방에서 기거하며 고행을 감내하고 있었다. 그 고통이 매우 심해서 실신할 지경이었다. 신문에서는 면암의 상태가 위중하여 다시 기력을 회복해서 고향에 돌아가기가 어려울 것이라는 전망까지 내놓을 정도였다. 그 뒤 경기도관찰사에 임명된 뒤부터는 두석동豆錫洞(현 종로구 서린동·종로1가·세종로에 있던 마을) 최만식崔萬植의 집으로 사관舍館을 옮겨 지냈다. 사직상소도 이곳에서 지었다.

3월 11일 이른 아침, 면암은 갑자기 들이닥친 일제 헌병들에 의해 명동에 있던 일제의 한국주차헌병대로 끌려갔다. 이때 면암은 의관을 갖추고, "내 나이 팔순에 가까운지라, 죽을 곳이 없어 한이더니 오늘 장곡천·임권조와 더불어 사생을 결단하겠다."라고 하며 당당하게 맞섰다.

이날, 면암과 함께 왕산 허위와 김학진도 반일 인물로 지목되어 동시에 헌병대로 끌려왔다. 일반 민심을 심하게 동요시켜 이른바 치안을 어지럽힐 우려가 있기 때문에 사전 예방 차원에서 이들을 전격적으로 구금한 것이다. 하야시 일본공사가 면암 등의 반일투쟁 정황에 유념하여 한국을 침략한 일본군인 한국주차군의 하세가와長谷川好道 사령관과 긴밀히 협의하여 내린 조치였다.

일제의 한국주차헌병대에 도착하자 다카야마高山逸明 헌병대장이 명함을 내밀었다. 그러자 면암은 명함을 땅에 내던지며, "나를 부른 자는 임권조와 장곡천이다. 어찌 나와서 모습을 드러내지 않고 너 같은 작은 괴수를 시켜 나에게 묻는가?"라고 하며 그를 질타했다고 한다. 헌병대장은 한일 양국 간의 교의交誼를 해친다는 이유를 들면서 반일투쟁을 중지해줄 것을 면암에게 요청하였다. 그러자 그는 큰 소리로 다음과 같이 꾸짖었다.

네가 어찌 감히 '교의' 두 글자를 말하는가. 을미년에 국모를 시해한 원수는 우리 대한 신민이 만대라도 반드시 복수해야 하는데, 삼포오루三浦梧樓와 유길준·이범래 등 도피한 역적이 아직도 너희 나라에서 목숨을 보전하고 있다. 또 근일에 너희들의 한 짓을 말한다면, 온갖 속임수와 거짓으로 오로지 병탄하려는 술책만 부리고 있다. 그런데 네가 어찌 감히 교의를 말하는가.

면암이 질타하는 기세는 매우 당당하였고, 그 소리는 지붕의 기와를

울릴 만큼 우렁찼다고 한다. 국모를 시해한 을미사변을 비롯해 일제가 그동안 자행한 침략 행위와 기만성을 통렬히 지적하면서, 일제는 '교의'를 언급할 자격조차 없는 무도한 나라임을 논파한 것이다.

면암이 구금되었던 일제 헌병대의 감옥은 선혜청宣惠廳의 서쪽 행랑이었다. 이때 면암과 함께 끌려왔던 판서 김학진과 비서원 승지 허위는 각기 다른 방에 구금되어 있었기 때문에 서로 만나지는 못하였다. 한편 『황성신문』에서는 면암 이하 세 사람이 구금된 직후에 아래와 같이 비교적 상세하게 그 전말을 보도하였다.

지난 11일 아침에 일제 헌병 7~8명이 전 찬정 최익현씨와 전 판서 김학진씨와 비서승 허위 3인을 일제 헌병부로 끌고 가서 질문하는데 전해지는 이야기를 들은즉 최찬정은 큰 소리로 크게 꾸짖기를 왈 "나는 여든 노물老物이라 우리 임금을 위하여 곧은 말로 감간敢諫함이 천성에 나오거늘 귀국이 어찌 협박 능욕하나뇨" 하고 완강하게 꺾이지 않으므로 부내에서 이틀 밤 가두었다가 어제 상오 10시경에 일헌병이 옹위하고 즉시 동대문 밖 포천 향제鄕第로 축송逐送하였다.

위의 기사와 같이 면암은 3월 13일 아침 포천 본가로 강제 축출되었다. 주차일본군의 하세가와 사령관이 당일 하야시 공사에게 보낸 문건에는 "경성의 치안을 방해하는 것으로 인정하여 오늘 경성 이외로 퇴거를 명하여 우리 헌병으로 하여금 향리로 호송시켰음"이라고 하여, 서울 치안을 방해하기 때문에 멀리 향리로 축출하는 것이라고 밝혔다.

면암이 석방되던 날 아침, 그를 맞기 위해 자질과 지인들이 모두 일제 헌병대 밖에서 기다리고 있었다. 하지만 일본 헌병 6명이 교자를 둘러싸고 삼엄하게 경비를 펴고 있었기 때문에 미처 상면할 수가 없었다. 서대문 밖 박석고개에 이르러 교자가 멈추고서야 비로소 면암을 만날 수 있었다.

면암은 포천 본가에서 10여 일을 머문 뒤 다시 상경하였다. 3월 20일 다시 상경한 그는 서울 교외의 서강西江에 머물렀다. 지난번 서울에서 올린 경기도관찰사 사직소의 비답을 받지 못한 상황에서 고향으로 축출되었기 때문에 상소를 올려 다시 한번 자신의 주장을 관철하고 나아가 정산으로 내려가고자 했던 것이다. 면암은 3월 22일 다시 상소를 올렸다.

신이 망령되게 시사를 논하다가 크게 일본인의 미움을 받아 수일간 갇혔지만 불행히 죽지 않고 압축押逐을 당하기에 이르러 나라를 욕되게 하고 몸을 욕되게 했다. 생각건대 신이 비록 보잘 것 없지만 벼슬로 말한다면 한 나라의 중신이고, 나이로 말한다면 원로의 몸이다. 설령 말한 바가 거슬리더라도 저들은 마땅히 도리로 바로잡아야 할 것이며, 실로 위세를 함부로 부려서 이웃 나라의 체모를 잃게 하는 것은 온당하지 않다. 관작과 나이를 무시하고 저들 마음대로 쥐었다 놓았다 하니, 예절도 없고 의리도 없는, 참으로 말못할 오랑캐들이라 어찌 이를 것이 있겠는가. 다만 우리 당당한 대한이 땅이 넓지 않은 것도 아니며, 사람이 적은 것도 아니어서 인仁을 힘쓰고 선善을 행하면 자존自尊하기에 부족하지 않으며, 신信을 지키고 의義를 밝히면 자립自立하기에 부족함도 없을 것이다. 그런

면암의 정산 거주지에 세운 모덕사 전경

데 이에 무력하여 스스로 주권을 잃어서 저들이 이처럼 꺼리지 않고 있다. …… 이로부터 폐하와 생사간에 하직함이 마땅하고, 또 신의 쇠잔한 목숨도 능히 폐하를 위해 다시 오지 못할 것이다. 청컨대 폐하께서는 행여 나라를 장난거리로 삼지 마시고 신이 전후 아뢴 바를 빨리 취해서 주의하며 소인들에게 충신을 박해하는 짓을 못하게 하시면 종사에 다행이겠으며, 생민의 복이 되겠다. 신이 궐문 앞을 지나면서 차마 그대로 이별하지 못하여 황송함을 무릅쓰고 누장(淚章)으로 우러러 고충을 호소하도다. 아, 40년 군신간 의리가 여기에 그치게 되었다.

위 소장에는 자신의 죽음을 예견하는 면암의 비장한 각오가 배어 있음을 알 수 있다. 위 상소에서 면암은 자신을 핍박하고 모욕한 일제의 행위를 도덕적 관점에서 다시 한번 야만적 처사로 맹렬히 성토하는 한편, 자신의 건의에 따라 반일과 개혁에 성력誠力을 모아 나라의 자존을 수호해줄 것을 고종에게 간곡히 건의하였다.

면암이 다시 서울 근교에 나타나 상소투쟁을 벌이자 일제는 즉시 그를 구금하였다. 3월 23일, 일시 거처해 있던 서호西湖의 창전리倉前里(현 마포구 창전동)의 주사 최영희崔永喜의 집에서 일제 헌병대 일행에게 끌려갔다. 이날 일제 헌병들이 갑자기 들이닥쳐 면암을 가마에 태운 뒤 명동의 헌병대로 다시 끌고 갔던 것이다.

다음날 하야시 공사는 이하영 외부대신에게 이른바 치안을 방해하여 서울 밖으로 축출한 면암을 경기도관찰사 직에서 즉시 해임하고 또 그의 동향 감시를 요구하는 공문을 보내왔다. 일제 측의 이러한 강요에 따라 이하영 외부대신은 4월 1일 내부대신 서리 겸 내부협판 이봉래에게 경기도관찰사 해직과 향리 거주 동향 감시를 조회하는 공문을 보냈다. 이처럼 일제는 면암의 반일활동에 극단적 반응을 보이며 전방위로 면암에 대한 취체取締를 더해 갔다. 면암은 헌병대에 갇혀 있을 때 「피수일옥구호被囚日獄口號」라는 시를 지어 자신의 고단한 형세를 다음과 같이 읊었다.

모든 일은 뜻을 두면 된다고 들었는데	萬事曾聞有志成
한 해가 지나도록 무단히 궐하에 있었네	跨年闕下置身輕
충성은 못하고 포로만 되었으니	寸丹未效俘先及
다시 무슨 말로 어진 임금 보답하리	更作何辭答聖明

면암은 2차로 헌병대에 구금된 지 이틀만인 3월 25일 풀려났다. 일제의 강경한 탄압으로 말미암아 결국 준비한 상소를 올리지 못한 채 정산으로 추방당하고 말았다. 이 날 면암이 남대문 역에서 기차를 타고 서울을 떠날 때 승지 이재윤李載允 및 여러 사우들이 눈물을 흘리면서 이별하였다. 면암은 정오 무렵 전의全義의 방이동芳耳洞(현 충남 연기군 전의면 신방리 뱅이골)에 이르러 사위인 진사 임명재任明宰의 집에서 자고 이튿날 정산 집으로 갔다.

을사오적 처단 상소

을사조약이 맺어지던 1905년, 면암은 73세의 노인이었다. 그해에 면암은 자신의 화상을 만들어 후세에 남겼다. 아들 최영조는 문인 조재학曺在學과 의논하여, 당대 유명한 초상화가로 고종의 어진御眞을 그린 석지石芝 채용신蔡龍臣이 마침 정산군수로 부임해오자 그에게 부탁하여 화상 두 벌을 만들었다. 또 뒷날 두 벌을 더 모사模寫하여 한 벌은 태인泰仁 무성서원의 태산사泰山祠에 모시고, 한 벌은 문인 오봉영吳鳳泳이 가져갔다.

러일전쟁에서 승리하여 러시아와 포츠머드 강화조약을 체결한 일제는 미국·영국·러시아 등 열강으로부터 대한제국 식민지화를 위한 병탄을 승인받고 이를 실행하기 위한 실질적이고도 구체적인 단계에 들어갔다. 고종 이하 정부 대신을 노골적으로 협박하여 1905년 11월 19일 을사조약을 강제로 체결하였던 것이다. 대한제국의 자주 외교권을 박탈하는 을사조약 늑결은 실질적인 망국을 의미하는 것이었다. 원로대신

면암의 화상(채용신 작)

조병세가 음독 자결하고, 시종무관장 민영환이 할복 자결한 것을 필두로 전국 각지에서 을사조약에 항거하는 우국지사들의 자결 순국 소식이 이어졌다. 참판 홍만식洪萬植은 여주 시골집에서 약을 마시고 자결했으며, 주사 이상철李相哲·병정 김봉학金奉學도 모두 자결하였다. 또한 조약의 강제체결을 규탄하고, 조약에 서명한 을사오적 처단 요구가 전국적으로 거세게 일어났다.

을사조약 소식을 들은 면암도 즉시 상소를 올려 조약 폐기와 오적 처단을 강력하게 요구하였다. 이 무렵 아들 최영조는 현릉낭관顯陵郎官으로 있었는데, 을사조약이 늑결되자 벼슬을 그만두고 정산으로 내려가 면암에게 그 사건의 전말을 소상하게 알려 주었다. 이에 면암은 11월 29일 다음과 같은 요지의 상소를 올렸다.

당초 저들의 사신이 이번 새 조약을 위해서 왔으니 우리 정부에서 몰랐을 리 없다. 이미 알고 있으면서도 온 나라에 통고하여 백성에게 반드시 죽으려는 의리를 보이지 않았고, 마침내 사람들이 알지 못하는 때인 한밤중에 회의를 개최하였으니, 그들의 행위를 보면 나라 팔아넘기는 일의 대부분은 이미 이루어졌다. 의석議席에 임하여 폐하께서 비록 곤욕과 협박을 당하더라도 천위天威를 한번 떨쳐서 손토로孫討虜가 책상을 찍던 것처럼 참정 및 여러 대신이 목숨을 버리고 통절하게 배척하며, 선정先正 김상헌金尙憲이 화의서和議書를 찢던 것처럼 머리는 벨 수 있어도 조약을 맺지 못하게 했다면, 저들이 비록 군사를 벌여 세워서 우기고 협박하더라도 우리를 어떻게 하겠는가. 하물며 각국 공관의 이목이 옆에서 보고 있는데, 우리나라 인사들이 떨쳐 일어난다면 저들이 또 어떻게 모두 도륙하겠는가. …… 그런데 계책을 미리 정하지 않고 있다가 두려워 벌벌 떨고만 있으니, 폐하께서 비록 윤허하지는 않았으나 마침내 유약하고 온순한 태도를 면치 못하였고, 참정이 비록 굳게 거절하였으나, 겨우 가可 자를 쓰지 않았을 뿐이었다. 이것이 왜적이 감히 명을 거스르고 협박하게 된 이유이며 박제순 등 여러 역적이 감히 마음대로 허락하게 된 것이다. 박제순 이하 여러 역적은 본디 왜적의 창귀倀鬼로서 나라 팔아먹는 것을 잘하는 일로 여기고 기탄없이 태연하고 괴이하게 여기지 않는다. 이들은 진실로 만 번 능지처참해도 오히려 죄가 남을 것이다. 한규설韓圭卨은 정부의 장관으로 있으면서 일을 처음부터 생각하지 못하고, 또 그 각료를 바로잡지 못했으니 직무를 감당하지 못한 죄를 어찌 면할 수 있겠는가. 또 저 왜적은 조금 강성함을 믿고 기세가 교만하여 이웃 나라를 겁박해서 원한 사는 것을 능사로 하며, 맹약 파괴하는 것을 장기로 삼아 의리를 생각하지 않고 각국의 공론도 돌보지 않으면서 오로지 병탄하려고 방자한 행동을 꺼리지 않고 있다. 세상에 만약 제환공과 진문공 같은 임금이 있다면 이와 같은 것들을 어찌 그냥 놓아두고 섬멸하지 않겠는가. 지금 주상의 위位가 아직 바뀌지 않았으며 인민이 아직 없어지지 않았고, 각국 공사가 아직 돌아가지 않고, 조약을 맺은 문서가 다행히 폐하의 윤허와 참정의 인가에서 나오지 않았다. 저들이 믿는 것은 다만 역신들이 강제로 조인한 가짜 조약에 불과하다. 마땅히 먼저 박제순 이하 오적의 머리를 베어서 나라 팔아넘긴 죄를 밝히고, 외부대신을 교체하여 일본 공관에 조회하여 거짓 맹약의 문서를 없애버리도록 하고, 또 각국 공관에도

급히 공문을 통해 모두 회합한 다음, 일본이 강국임을 믿고 약소국을 겁박한 죄를 성명聲名해야 할 것이다.

고종 이하 조약 늑결에 가담한 조정 대신들의 무능 유약함을 강력하게 성토한 뒤, 조약 파기와 매국 오적을 처단할 것을 주장한 것이다. 면암은 이 상소를 올리고 10여 일 지난 12월 10일에 같은 요지를 담은 상소를 다시 한번 올려 조약 파기와 매국적 단죄를 거듭 주장하였다. 앞서 면암은 을사조약 반대투쟁을 위해 먼저 상경을 시도하였다. 하지만 일제 헌병이 삼엄한 경계를 서면서 신병을 감시하고 있었기 때문에 상경할 수가 없었다. 그리하여 그는 다만 상소로서 자신의 주장을 펼 따름이었다.

06 호남의병의 선구

의진 결성

을사조약 늑결을 계기로 항일의병이 전국적으로 활동을 재개하면서 을사조약 반대투쟁을 선도하게 된다. 1894년 청일전쟁 이후 일제의 국권 침탈에 항거하여 일어난 뒤 1896년 2월 아관파천을 계기로 대부분 해산했던 전기의병이 을사조약 늑결이라는 긴박한 위기상황에서 재기한 것이다. 이것이 중기의병, 곧 을사의병으로 주로 1906년에 활동이 집중되었다.

1906년, 74세의 노구에도 불구하고 면암이 항일전의 전면에 투신하여 결성한 태인의병은 을사조약 늑결 이후 호남지방에서 일어난 대표적인 의진이었다. 나아가 면암의 의병투쟁은 1907년 이후 의병전쟁이 전국적으로 확산되는 데 커다란 영향을 미쳤다. 면암의 의병투쟁이 역사적으로도 큰 의의를 갖는 것은 바로 이런 연유 때문이다.

면암은 앞서 보았듯이 을사조약 늑결에 항거하여 5적 처단을 요구한

면암이 창의 결의를 다졌던 노성 궐리사(闕里祠)

「청토오적소請討五賊疏」를 올린 뒤, 노구를 이끌고 드디어 의병을 일으킬 결심을 하였다. 그 결과 호서지방에서 민종식을 주장으로 삼아 일어났던 홍주의병과 더불어 공동항전을 구상하던 태인의병을 결성하기에 이르렀다.

면암이 항일의병을 도모하려던 구체적인 움직임은 1906년 1월 노성의 궐리사闕里祠 집회에서 나타났다. 궐리사는 공자의 영정을 봉안한 영당影堂으로 현 논산시 노성면 교촌리에 있으며, 일명 춘추사春秋祠라고도 불린다. 면암은 명암明菴 신협의 초청을 받고 궐리사에 가서 1906년 1월 19일(음 1905. 12. 25) 원근의 유생 수백 명을 모아 강회를 열고 절박한 시국상황을 알리는 한편, 일치단결하여 국권회복에 동참할 것을 촉구하였다. 이때 회집한 유생과 함께 구국투쟁에 매진할 것을 결의한 약문約文

인 「노성궐리사강회시서고조약魯城闕里祠講會時誓告條約」의 서두를 보면 다음과 같다.

…… 오도吾道를 지키고, 화맥華脈을 보존하며, 종국宗國을 보호하여 원수들을 없애고자 하는 여러 가지 일을 가지고 대략 몇 가지 조목을 만들어 우리 전국의 사민과 함께 힘쓰고자 한다. 부디 혼미하고 노망한 자의 말이라 하여 버리지 말고 각각 스스로 분발하여 한결같은 마음으로 준행遵行하여 실효가 있게 된다면 천만다행이리라.

즉 '오도'와 '화맥'과 '종국'을 수호하고 일제를 구축하기 위해 몇 가지 조목을 만들어 실행할 것을 맹세한다는 것이다. 이어 약문에서는 친일 매국세력에 대한 성토와 처단, 납세 거부투쟁, 일본상품 불매운동, 연명 상소투쟁 등을 규정한 7개 항의 결의문을 제시하였다. 그리하여 연명 상소투쟁을 전개하기 위해 각지 유생에게 2월 13일 상경 길목인 진위에 집결토록 하였으나 일제의 방해로 무산되고 말았다. 궐리사 강회에는 1896년 노응규가 선도한 진주의진에 협력한 적이 있던 경남 합천의 명유 노백헌老柏軒 정재규鄭載圭도 10여 명의 지사들과 함께 참석하기도 하였다. 곧 이때의 강회는 항일의지를 천명하면서 의병세력을 규합하기 위한 모임의 성격을 띠고 있었다는 점에서 거의의 준비단계였던 셈이다.

이어 면암은 각지 유림지사들과 함께 의병을 일으키기 위해 판서 이용원·김학진, 관찰사 이도재, 참판 이성렬·이남규, 그리고 거유인 면우俛宇 곽종석郭鍾錫과 간재艮齋 전우田愚 등에게 편지를 보내 창의를 독려하기도 하였다.

이 무렵 호남지방에서는 고창 출신의 유생 고석진高石鎭과 진안 출신의 최제학崔濟學 그리고 전 낙안군수 돈헌遯軒 임병찬林炳瓚 등이 의병을 도모하던 중이었다. 이들은 의병을 일으키기 위한 구체적인 방안을 모색하던 중 정산에 있던 면암을 초빙하여 의병장에 추대할 계획을 세우게 되었다. 면암은 송병선의 순국 소식을 듣고 1906년 2월 하순경 드디어 의병을 일으키고자 정산을 떠나 호남으로 내려갔다. 호남으로 향하면서 그는 다음과 같은 견해를 피력하고 있다.

순한글본 『면암선생사실기』(독립기념관 소장)

> 지금 우리는 군사가 훈련되지 못했고 무기도 이롭지 못하니 반드시 각도, 각 군과 성세를 합쳐야만 일이 이루어질 것이니, 나는 마땅히 남으로 내려가 영, 호남을 깨워 일으켜 호서와 함께 서로 성원이 되는 것이 옳지 않겠는가.

위 인용문에는 의병전쟁과 관련하여 면암의 원대한 투쟁방략이 담겨져 있다. 즉 그는 삼남의 여러 우국지사들과 연계하여 각지에서 동시다발적으로 항일의병을 일으켜 상호 연합전선을 구축함으로써 전력을 극대화한 뒤 항일전을 벌이려는 전략을 계획하고 있었던 것이다.

이에 따라 면암은 곽한일郭漢一과 남규진南奎振 두 문인에게 호서지방에서 의병을 일으켜 영남·호남과 더불어 의각犄角의 형세를 이루어 항일전을 전개할 것을 권유하였으며, 화서학파 동문 후배인 의암 유인석에게는 남북에서 협력하여 함께 항일전을 벌여줄 것을 요청하기도 하였다. 그리고 영남의 문인 조재학曺在學과 이양호李養浩에게도 지사들을 모아 의병을 일으키도록 지시하는 한편, 영남 각지 인사들에게 편지를 보내 의병을 일으켜 항일전에 동참해 줄 것을 독려하였다. 이처럼 원대한 전략하에 호서에서 민종식이 의병을 도모하게 되자, 면암은 지역적 연고가 없는 호남으로 내려가 그 지방의 항일세력을 규합하여 의병을 일으켰던 것이다.

면암이 삼남지방 의병세력 연합 전략하에 거사를 준비하던 당시의 정황은 순한글로 된 다음 자료에도 잘 드러나 있다.

송연재(송병선)가 등대登臺하여 또 순절한즉 선생이 들으시고 설위 통곡 왈 제공들 순절이 장하나 그러나 사람마다 한갓 죽으면 누가 회복하리오 하시고 거의할 계책을 결단하사 문인을 보내어 이판서 용원과 김판서 학진과 이관찰 도재와 이참판 승렬 이참판 남규와 곽면우 종석과 전간재 우씨 제공에게 편지하여 상의하되 응하는 자가 없고 복합상약伏閤相約은 왜적이 탐지하고 군사를 거의 다 진위에다 두어 막는지라 문인 고석진이 고왈 태인 거하는 전 낙안군수 임병찬이가 가히 의논할 만하나이다 하니 선생이 최제학을 보내어 의논하신즉 병찬이 쫓기를 원하고 예산에 우거한 곽한일이 선생의 의향을 아는 고로 남규진으로 더불어 와서 보았고 일을 말씀함에 가히 임사任事할 만한지라 선생이 성명도장과 격서와 기호旗號를 주시고 한일에게 일러 왈 충청도 일은 군에게 부탁하노라 하시고 또 참판 민종식씨가 내포에서 기병하여 장차 기를 세울지라 선생이 이르되 반드시 각 도가 일심 합력하여야 서기庶幾 기망期望이 있을 것이니 나는 남으로 행하여 영, 호남 양도를 고동시키리라 하시고 가묘에 하직하시고 전라도로 행차하사 임낙안 병찬에게 모군募軍·치양置糧 등 일을 지휘하시고 영남 문인 이양호·조재학을 영남으로 보내어 각처에 상의하라 하시고……

위의 자료는 순한글 『면암선생사실기』의 일부로, 면암이 거의를 결심한 뒤 항일전의 방략을 구상해 가던 대목을 인용한 것이다. 면암은 송병선의 순국에 충격을 받아 거의를 결심하게 되었고, 각처 명망지사들에게 연락을 취해 함께 거사를 도모하려 하였지만 여의치 못하였으며, 이러한 상황에서 고석진의 추천으로 임병찬과 조우하여 함께 거의를 준비 계획하게 되었다는 것이다. 그리고 민종식을 정점으로 하는 호서지방 의병과의 연계 임무를 곽한일과 남규진 양인에게 맡긴 뒤, 면암은 호남으로 내려가 거의함으로써 영남·호남 민심의 호응을 모두 얻어 항일 의병세력을 규합한다는 전략이었다. 그리고 영남 의병의 기세를 고양시

면암의 참모였던 돈헌 임병찬

킬 임무를 주어 영남 출신인 이양호와 조재학 두 문인을 보낸다는 것이다. 그 실현 가능성 여부는 차치하더라도, 이로써 볼 때 항일전 과정에서 면암이 견지했던 핵심 전략은 결국 호남·영남·호서 등 삼남지방의 의병세력을 상호 연계시켜 동시에 항일전을 전개함으로써 전력과 기세를 극대화하는 데 있었다고 할 수 있다.

면암이 의병을 일으키는 과정에서는 고석진의 추천을 받아 알게 된 임병찬의 역할이 매우 컸다. 당시 임병찬은 태인의 회문산回門山 북쪽 종송리 種松里(현재의 정읍시 산내면 종성리)의 종석산鍾石山 밑에 살고 있었다. 1894년 12월 동학농민군의 지도자 김개남金開南을 체포하는 데 큰 공을 세웠던 임병찬에 대해서 면암의 문인들은 호의적인 태도를 보였다. 임병찬은 1851년 전북 옥구에서 태어나 전주에서 향리로 있으면서 실무 능력을 인정받았고 궁민窮民 구휼에 큰 공적을 남겼다. 1889년 7월에는 낙안 군수가 되어 주민들에게 선정을 베풀어 명성을 날렸다. 1890년 그 동안의 관직생활을 청산하고 향리에서 학문에 전념하며 지내오던 중이었다. 1894년 청일전쟁 이후 일제의 국권침탈이 가속화되는 상황에서 임병찬은 국가와 민족의 참담한 현실을 좌시하지 않고 이미 1896년 전기의병 당시에도 향리에서 무기를 수집하고 포수를 모집하는 등 의병을 일으킬 준비를 하다가 피체된 적이 있던 우국지사였다.

면암은 문인 최제학을 대동하고 임병찬을 찾아가 수일간 머물면서 의병을 일으키는 문제를 숙의하였다. 이때 면암은 동학농민전쟁을 치르면서 군무 경험을 쌓은 임병찬에게 의병 모집에서부터 군수물자 조달, 군사훈련에 이르기까지 일체의 군무를 위임하였다. 그리고 문인 이재윤을 시켜 청나라로 들어가 구원병을 청하는 일을 강구토록 하였고, 오재열吳在烈에게는 군사와 무기를 모아 전북 운봉에 머물면서 명령을 기다리도록 지시하기도 하였다.

면암으로부터 의병을 일으키는 실무를 위임받아 이를 총괄하게 된 임병찬은 각지의 의병 모집에 심혈을 기울였다. 특히 실제 전투력을 갖춘 포수 규합에 심혈을 기울인 결과, 과거 반동학군으로 활동한 임실의 김송현金松鉉, 순창 포수 채영찬蔡永贊, 태인 포수 김우섭金禹燮 등을 포섭하여 의진의 전력을 강화하는 데 큰 도움이 되었다. 그 밖에도 동학농민전쟁 때 사용하던 총검을 수리하거나 여타 지역의 포수세력을 가담시키기 위해서도 노력하였다. 이는 면암이 주도한 태인의병의 군사적 기반을 강화하기 위한 조치였다.

임병찬은 또한 송사松沙 기우만奇宇萬(1846~1916)을 비롯하여 이항선李恒善·장제세張濟世·조안국趙安國 등의 호남 명유들과도 연락하며 거사에 대한 방책을 강구하였다. 이에 임병찬은 거의에 임하는 결의를 다지고 구체적인 거사 준비에 필요한 내용을 조목별로 제시한 통문을 작성하여 장제세·조안국·배응천裵應天 등 세 사람의 명의로 각 군의 향장鄕長·수

서기首書記, 그리고 일반 주민들에게 널리 돌렸다. 통문을 발하는 명분과 목적을 천명한 서두와, 거의 준비를 위하여 구체적인 행동강령을 제시한 군율·의제·규례 등 세 가지 조목 가운데 중요한 내용을 소개하면 다음과 같다.

국사가 이에 이르렀으니 여러 말이 소용없다. 사람들이 이르기를 장자방과 제갈공명이 다시 나와도 대세를 어찌할 수 없다고 하니, 우리들의 미혹은 자심滋甚하도다. 병가의 승패는 강약과 이둔利鈍에 있는 것이 아니고, 오직 지혜롭고 용감한 장수가 충의로운 군졸을 거느리고 일심동력이 될 때 가히 이룰 수 있는 것이다. 장자방이나 제갈공명과 같은 인재인들 어찌 세상에 시험한 다음에 나왔겠는가. 충분忠憤을 격동시켜 바야흐로 의병을 일으키려 한다. 군율·의제·기계·규례 등 여러 조항을 뒤에 적어 통문을 발하고 회집 장소와 일자는 추후 알리겠으니, 모든 것을 예비하여 다음 통문을 기다려라. 혹 태만하고 소홀히 여겨 군율을 범하여 후회하는 일이 없도록 하기 바란다.

군율
- 구습을 믿고 군령을 따르지 않는 자는 참한다.
- 비밀리에 적과 내통하여 군사기밀을 누설하는 자는 참한다.
- 적과 싸울 때 겁을 내어 물러나는 자는 참한다.
- 촌가를 약탈하고 부녀를 간음하는 자는 참한다.

의제
- …… 상의는 황색으로 물들인다. …… 하의는 각자 태어난 천간天干에

따라 염색한다. …… 전대는 청색으로 염색하고, 수건은 홍색으로 염색한다.
- 칼·창·활·총은 있는 대로 가지고 나오되, 갈고 쓸어서 빛나게 한다. …… 배낭 한 개(백목 또는 삼베로 쌀 두 말이 들어가게 한다), 끈달린 베주머니 두 벌(한 벌은 백미 한 되를 넣고, 또 한 벌은 빈 것으로 지참한다), 표주박 1개, 화구火具 주머니 1개(火鐵·火石·火羽), 짚신 두 켤레, 삿갓 한 벌, 비옷油衫 한 벌을 갖춘다.

규례
- 회집하는 날 먼저 맹주를 정하고 그의 지휘를 받을 것.
- 통문 도착 즉시 등사하여 각 면리面里에 두루 알려 한 사람이라도 알지 못하게 되는 폐단이 없도록 한다. 만약 오래 두어 중도에 지체한다면 이는 적당敵黨이므로 거의하는 날 먼저 그 군으로 가서 향장·수서기에게 군령을 어긴 죄를 물을 것.
- 이 통문은 도착하는 날 즉시 향청에 바칠 것.

위 인용문에도 나타나듯이, 이 통문은 각 군의 향청을 중심으로 전 지역에 전파되었다. 위 통문의 요지는 머지않아 의진이 편성될 것이므로, 각지 향장과 수서기의 지휘하에 주민들로 하여금 이에 대한 만반의 준비를 갖추어 다음 지시를 기다리라는 것이다. 실제로 그 통문 가운데 하나가 3월 25일 밤 김제읍 근처 상점의 벽에 게시되었고, 그 통문을 입수한 전북관찰사 한진창韓鎭昌은 그 내용을 내부內部에 보고하였다.

이 통문에서 특히 주목되는 사실은 유생들이 거의를 주도하고 있음에도 불구하고 군율 등 네 가지로 나누어 거의와 관련되어 준비하고 추진해야 할 내용들을 구체적으로 조목조목 제시하고 있다는 점이다. '군율'에서 군령에 불복종하는 자, 군사기밀 누설자, 전투에서 물러서는 자, 부녀를 겁간하는 자는 참수한다고 명시한 조항이라든지, '의제'를 규정한 조항에서 상의를 황색으로, 하의를 각자의 생년生年에 따라 염색하고, 창·칼·활·총 등의 무기를 휴대하고 배낭·군량·취사도구 등의 군물을 구비하도록 명시한 대목 등은 특기할 만하다.

통문이 이처럼 구체적인 조항들을 명기한 것은 임병찬 등이 과거 동학농민전쟁 당시 농민군을 방어하던 조직을 운영했던 경험이 크게 작용한 것으로 보인다. 이러한 통문의 내용이 그대로 이행되었는지의 여부는 불분명하지만, 양반 유생들이 주축이 된 의거 조직이 실제 전력을 구비할 수 있는 구체적인 방안을 강구한 증좌가 된다는 점에서 이 통문은 중요한 의미가 있다.

면암은 이 무렵 태인·진안·운봉 등지를 전전하면서 의병을 규합하는 데 필요한 인물들과 끊임없이 접촉하였다. 하지만 농번기가 닥친 데다가 시일이 촉박하여 병기와 군량을 충분히 갖추기가 어려웠다. 이에 임병찬은 면암에게 "재정이 고갈되고 농사가 한창 바쁜데 군사 모집마저 또 뜻대로 되지 아니 하니 가을을 기다려 거사하는 것이 어떻겠는가"라고 하여 가을로 늦추어 거의할 것을 제안하였다. 하지만 면암은 거사의 성패 여부를 떠나 나라의 위기를 구하려면 지금 당장 일어나도 시기적으로 이르지 않다고 하며 즉시 거병할 뜻을 굽히지 않았다. 이에 임병찬도 결국 면암의 주장을 따르게 되었다. 그리하여 6월 4일(음력 윤 4.13)

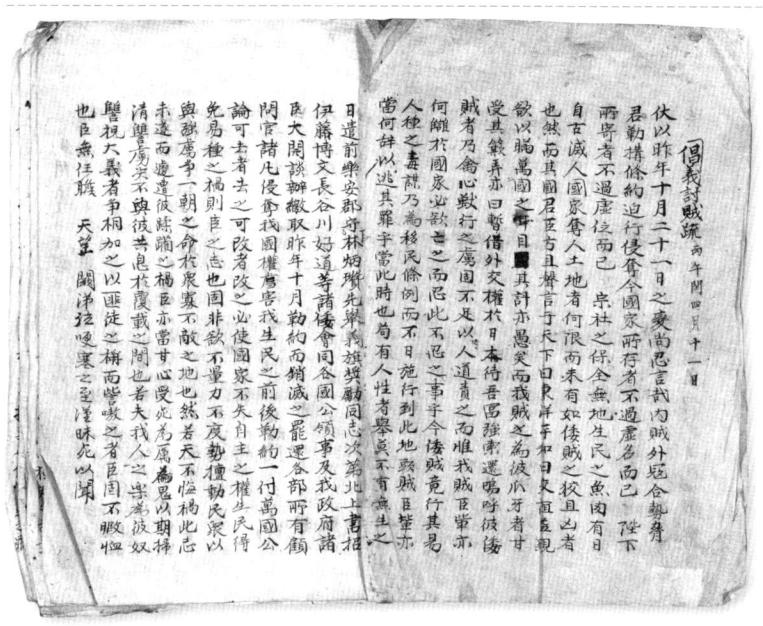

면암의 창의토적소(1906)

태인의 무성서원武城書院에서 강화를 열 때 거의하기로 결정하였다.

　면암은 거의 날짜를 정한 뒤 의병을 일으키게 된 이유와 명분을 고종에게 알리기 위해 다음과 같은 상소문을 지어 민영규閔泳奎로 하여금 전달케 하였다.

　신은 불행히도 오늘까지 살아서 이러한 변고를 보았으니 …… 오직 입궐하여 소를 올리고 폐하 앞에서 머리를 부수어 스스로 죽을 뿐이다. 그러나 폐하가 할 수 없는 것을 분명히 알고 있으니, 공연한 헛소리로 떠드는 것은 다만 실상이 없는 글이 될 것이며, 또 인심이 아직 국가를 잊지 않음을 보았으니, 스스로 헛되이 죽는 것도 경솔한 행동이기에 참고 견디면서 약간의 동지와 함께 적의翟義·문천상文天祥이 의병을 일으킨 것과 같은 일을 계획한 지 4~5개월이 되었다. …… 지금 계획이 다소 정해졌고 인물도 제법 모였으니 이에 금월 13일(양력 6. 4) 전 낙안군수 신 임병찬에게 먼저 의기義旗를 세워 동지들을 장려하여 차례로 북상하게 하였다. 이등박문伊藤博文·장곡천호도 등의 왜적을 부르고, 각국의 공사·영사를 회동하여 담판을 열고 작년 10월의 늑약을 취소하고, 각 부의 고문관을 돌려보내고, 우리의 국권을 침탈하고 우리 생민을 해롭게 하는 모든 늑약은 모조리 만국의 공론에 회부하여, 없앨 것은 없애고 고칠 것은 고쳐서 국가는 주권을 잃지 않고 생민은 어육의 화를 면할 수 있게 하는 것이 신의 소원이다. 진실로 힘과 형세를 헤아리지 않고 함부로 민중을 움직여 강한 오랑캐를 상대로 중과부적의 처지에서 한때의 목숨을 다투고자 하는 것은 아니다. 그러나 만약 하늘이 재앙을 뉘우치지 않아 뜻을 이루지 못하고 그들에게 짓밟히는 화를 당한다면, 신도 달게 죽음을 받아 여귀厲鬼가 되어 원수 오랑캐를 깨끗이 쓸어버릴 것을 기약하며, 저들과는 천지간에 함께 숨 쉬며 살지 않을 것이다.

위의 인용문 가운데 특기할 내용은 면암이 의병활동을 통해 궁극적으로 달성하려던 계획은 일제 침략세력의 본거지인 서울로 북상하여 각국 공사관원들과 일제 침략기관인 통감부와 한국주차군사령부의 대표들을 한 자리에 모아놓고 담판을 통해 국권회복을 도모하려 했다는 점이다.

또한 이러한 외교노력을 통한 국권회복 계획은 군사력의 열세를 스스로 인정하지 않을 수 없었던 상황의 소산이기도 하였다. 상소의 말미에 "진실로 힘과 형세를 헤아리지 않고 함부로 민중을 움직여 강한 오랑캐를 상대로 중과부적의 처지에서 한때의 목숨을 다투고자 하는 것이 아니다."라고 토로한 대목을 통해서도 면암이 일제에 비해 군사력이 절대 열세에 놓여 있던 실정을 깊이 인식하고 있었음을 감지할 수 있는 것이다. 또 이러한 계획이 실패할 경우에는 죽을 때까지 항일투쟁을 전개할 결심을 하고 있다는 자신의 입장을 분명하게 밝혔다.

한편, 거사 날짜가 임박하게 되자, 면암과 임병찬은 인근 지역으로 격문을 발송하고 또 사람을 보내 의병 모집과 무기 수집에 전력을 기울였다. 임병찬은 사람을 비밀리에 전주로 보내 사전에 의병을 함께 일으키기로 약속한 부위副尉 최학엽崔學燁과 유예근柳禮根 등에게 군호軍號를 보냈으며, 순창·담양·창평·광주 등지로도 거의擧義 사실을 알리는 통문을 비밀리에 보냈다. 그리고 순창 출신의 양윤숙楊允淑에게는 삼방三坊 포수 채영찬 등에게 기맥을 통하게 하고, 또 서용수徐庸洙로 하여금 실전에 대비하여 총과 칼 등의 무기를 거두어 수선토록 하였다.

또 면암은 항일전의 방략을 협의하고 지원을 요청하기 위해, 조선 말기 대학자였던 노사 기정진의 손자로 호남 유림의 거두이며 항일세력의 중심인물이던 송사 기우만을 찾아갔다. 면암은 문인 최제학과 함께 5월 30일 전남 담양의 추월산에 있는 용추사龍湫寺에서 송사와 만났다. 이 자리에는 호남 각지의 명유 50여 명이 회동하였으며, 항일전의 구체적 방안도 이들과 함께 논의하였다. 순창 출신으로 해방 후 대법원장을 지낸

호남의 거유 송사 기우만

김병로金炳魯도 그 자리에 있었고, 그때 면암의 열변에 크게 감화를 입었다고 전해진다.

전기의병 당시 장성의병을 주도한 전력前歷이 있던 송사도 이 무렵 재기항전을 준비하던 중이었다. 그는 재거를 결심하고 1906년 2월경 전남 각지의 향교와 향약소를 중심으로 면리面里까지 의병을 모집하는 통문을 돌렸다. 이로 인해 그는 2월 말 일제 헌병대에 체포되었다는 소문이 돌았는데, 실제 감금되지는 않았던 것 같다. 이어 3월 초 일진회에서는 송사 등이 향약소를 기반으로 삼아 의병을 일으키려 한다는 정보를 일제 경찰기관과 전남 관찰부에 보고하였다. 이러한 상황에서 전북과 전남 항일세력의 양 거두인 면암과 송사는 연합전선 구축의 필요성을 절감하게 되었고, 그 결과 양자 간 회동이 이루어질 수 있었다.

용추사 회합에서는 거의의 정당성을 천명하고 인민의 의병 참가를 독려하기 위한 격문을 발포하였다. 그리고 의병에 동참하기로 한 지사들의 연명부인 「동맹록」을 작성, 항일전 수행에 매진할 결의를 다졌다. 당시 면암의 이름으로 발포된 격문 가운데 중요한 대목을 소개하면 다음과 같다.

…… 아, 저 일본 적도賊徒는 실로 우리 백세의 원수이다. 임진년 재난에

면암이 호남 지사들과 회합했던 담양의 용추사

두 능(정릉과 선릉)이 입은 화를 차마 말할 수 있겠는가. 병자년의 조약은 실로 바깥 오랑캐가 노리는 길을 매개한 것이다. 동맹할 때 바른 피가 아직 마르지도 않았는데, 협박의 환란이 뒤이어 와서 우리의 죄인을 비호해 주고, 우리의 궁궐을 짓밟고, 우리의 국모를 시해하고, 우리 임금의 머리를 깎고, 우리의 윤리강상을 괴멸하고, 우리의 의관을 찢고, 우리의 대관大官을 노예로 삼고, 우리의 생민을 어육으로 만들고, 우리의 전토를 점탈하고, 우리의 분묘를 파헤쳤으니, 이것으로도 오히려 부족하여 갈수록 더욱 해독을 부리고 있다. 오호라, 지난 10월의 소행(을사조약)은 진실로 천만고에 없었던 일이다. 하룻밤 사이에 한 쪽지의 가可자로 5백 년 종묘사직이 마침내 망했으니, 천지신령이 진노하고 조종영령이 통곡하고 있다. …… 변고를 당한 지 이미 몇 달이 되었는데도, 토적討賊을 도모하는 자가 어찌 한 사람도 없단 말인가. 임금이 없어졌는데 신하만 어찌 홀로 있을 수 있을 것이며, 나라가 망했는데 백성만 어찌 홀로 있을 수 있겠는가. 솥 안의 고기는 곧 삶길 것이요, 대들보 위의 제비는 곧 불탈 것이니, 죽음만 있을진대 어찌 한번 싸우지 않겠는가. 살아서 원수의 종이 되는 것보다 죽어서 충의의 귀신이 되는 것이 낫지 않겠는가. …… 무릇 우리의 종실·세신世臣·관찰·군수·사농공상·서리·승려 모두가 일시에 함께 분기奮起하여 마음과 힘을 합쳐 원수 오랑캐의 종자를 멸절하고 그 소굴을 불태워 역당을 진멸하여 그 머리를 매달고 그 고기를 찢어서 위태로운 형세를 편안한 형세로 바꾸고 나라의 명맥을 튼튼히 하고 비색한 끝에 태평이 와서 사람이 짐승이 되는 것을 면해야 할 것이다. 적이 강하다고 말하지 말라. 우리의 군사는 정의를 믿는다. 감히 이로써 통고하니 함께 힘쓸지어다.

용추사 회동 때 작성된 이 격문은 순천과 낙안을 비롯하여 흥양·여수·광양·장흥·보성·강진·해남 등 전남 각지로 발송되었다. 면암은 이 격문에서 먼저 임진왜란 때 왜구가 정릉과 선릉을 파헤친 만행과 그로 인한 수모를 역사적 배경으로 언급하였다. 이어 1876년 강화도조약 이래 일제가 국권을 유린한 실상을 구체적으로 지적하고 이를 격렬하게 성토한 뒤, 을사조약 늑결로 인해 실질적으로 국망의 단계에 이르게 된 실정을 적나라하게 폭로하였다. 이와 같은 형세하에서 격문의 말미에서는 신분과 계급을 초월하여 전 국민이 일치단결하여 결사항전을 통해 일제를 구축해야 한다고 당위성을 역설하였고, 무도한 일제 침략세력에 비해 의병은 떳떳한 명분을 가진 정의로운 집단임을 강조하였다.

한편 용추사 회동 때 작성된 호남 지사들의 「동맹록」에는 면암과 송사를 비롯하여 이재윤·고석진·최제학·임병찬 등 모두 112명이 연명하였다. 이들 대부분은 면암과 송사의 문인들로, 태인의병의 거의·활동 과정에 직접·간접으로 참여한 것으로 보인다.

의병 활동

담양 용추사에서 6월 3일 출발한 면암은 다음날 태인의 무성서원에 도착하였다. 이미 통문이 돌았기 때문에 인근 각지로부터 수백 명의 유생들이 무성서원에 집결해 있었다. 면암은 강회를 마친 뒤 비통한 눈물을 흘리면서 창의를 선포하고 여기에 동참해 줄 것을 다음과 같이 호소하였다.

왜적이 국권을 빼앗고 역신이 화를 빚어 5백 년 종사와 3천 리 강토가 다 없어지게 되었으며, 군부는 우공寓公의 화를 면하지 못하고 생민은 모두 어육의 참화를 당하게 되었다. 구신舊臣인 나는 진실로 종사와 생민의 화가 여기까지 이르는 것을 차마 볼 수 없어 힘을 헤아리지 않고 대의를 천하에 펴고자 한다. 성패와 이해利害는 예견할 수 없지만 내가 전심專心으로 나라를 위하여 죽음을 생각하고 살 생각을 하지 않는다면 천지신명이 도와서라도 어찌 성공하지 못하겠는가.

면암의 창의 선언에 동참하여 즉석에서 80명이 의병 대열에 합류하

면암이 창의한 태인의 무성서원

였다. 면암이 주도한 태인의병의 활동은 이로써 개시되었다. 이 의병은 을사조약 늑결 후 호남에서 일어난 최초의 의진으로 기록되었다. 이때 면암은 74세의 노구였다.

  면암이 이끄는 의병이 무성서원을 떠나 태인 본읍으로 행군해 들어가자, 군수 손병호孫秉浩는 그 기세에 눌려 도망쳤다. 무혈입성 직후 면암은 향교로 들어가 명륜당에 좌정하고 향장과 수서기를 불러 관아의 무기를 접수하는 한편, 군사들을 모아 전력을 강화시켰다.

  면암은 의병을 일으켜 무장투쟁을 시작함과 동시에 일제의 국권 침탈상을 규탄하고 그 맹성猛省을 촉구하는 내용으로 된 장문의 「기일본정부서寄日本政府書」를 일제 통감부에 보냈다. 이 글은 창의에 즈음하여 주민들에게 포고한 격문, 그리고 고종에게 올린 상소에 뒤이어, 면암이 거의의 명분을 천명하고 일제 침략상을 성토하기 위해 발표한 중요한 문건이라 할 수 있다. 그는 다음과 같이 도학자적 입장에서 신의론을 바탕에 깔고 서두를 시작하였다.

> 나라에 충성하고 사람을 사랑하는 것을 성誠이라 하고 신信을 지키고 의義를 밝히는 것을 도道라고 한다. 사람으로 이 성이 없으면 반드시 죽고 나라에 이 도가 없으면 반드시 망한다. 이것은 다만 노생의 범담이 아니다. 또한 개화 열국이라 할지라도 이것을 버리면 아마도 세계 안에 자립하지 못할 것이다. …… 그러나 귀국이 우리나라에 대하여 흉포를 행하는 방법은 날이 가고 달이 갈수록 더욱 심하여 무엇이든 신의를 배반하였다. 전에는 '조선은 독립 자주의 나라로 일본과 평등한 권리를 갖고 있다'고 말하였는데, 지금 어찌하여 우리를 노예로 삼는가. 전에 러시아와 전쟁을 할 때 '한국의 독립과 토지·주권을 공고히 하기 위해서이다' 하였는데, 지금 한국의 독립과 토지·주권을 빼앗는 것은 무슨 이유인가. 전에는 서로 간절하게 침범하거나 시기하지 않겠다고 맹세하였는데, 지금 어찌하여 오로지 침탈을 일삼아서 우리 이천만 국민의 복수심을 일으키게 하여 앉을 때 동쪽을 향하지 않게 만드는가. 전에는 조약을 변경할 필요없이 영원히 신의를 지키고 화평을 유지하는 바탕으로 삼았는데, 지금 조약을 변경하여 신의를 저버리고 화평을 깨뜨려서 하늘을 속이고 신령을 속였으며, 또 천하 열국을 속였다.

면암은 일본 정부에 보내는 위의 글에서 인간의 성정性情과 국가 간의

도의를 상실한 일제의 야만성을 지적한 뒤, 강화도조약 이래 일제가 한국에 대해 배신과 기만을 자행하면서 국권침탈을 일삼아 온 실상을 폭로함으로써 일제의 야만성과 침략성을 입증하고자 한 것이다. 그리하여 그는 일제가 그동안 한국에서 자행한 죄상을 16가지 조목으로 나누어 낱낱이 열거하였다. 그 죄목은 갑신정변과 갑오경장을 일으켜 우리나라의 국기國紀를 문란케 한 행위를 비롯해 각종 경제적 이권과 재정을 침탈한 행위, 충신·애국지사들을 탄압한 행위, 일진회 등 친일 반민족세력을 양성해 일제 침략의 앞잡이로 삼은 행위, 통신기관을 장악하고 일본인을 관리로 임용한 행위 등에 이르기까지 정치·경제·사회·문화 제반 영역에 걸친 일제의 전방위적 국권침탈 행위를 맹렬하게 성토한 것이다.

면암은 이 글의 말미에서

수십 명의 동지들과 함께 죽을 각오를 하고 병든 몸으로 상경하여 이등박문·장곡천호도 등과 한번 만나서 하고 싶은 말을 다하고 죽으려 한다. 사민士民으로 함께 죽기를 원하는 자가 또 약간 있어서, 먼저 심경을 드러내어 이 글을 만들고 귀국의 공사관에 보내어 머지않아 귀국 정부에 전달되도록 해야 할 것이다. 이는 다만 우리나라를 위한 계책일 뿐만 아니라 귀국을 위한 계책이며, 귀국을 위한 계책일 뿐만 아니라 또한 동양 전국全局을 위한 계책이니 살피기 바란다.

라고 하여, 고종에게 올린 상소에서도 주장하였듯이, 의병의 군사력을 배경으로 삼아 서울에 올라가 통감 이토 히로부미와, 한국을 침략한 일

면암 의진이 점령했던 정읍 관아 자리(현 정읍시 장명동 주민센터)

본군인 한국주차군의 사령관 하세가와 등 일제 침략세력의 대표자들을 만나 담판을 벌이겠다는 주장을 폈다. 이러한 전략은 곧 한국과 일본, 나아가 동양의 안녕과 평화를 담보하기 위한 계책이 된다는 점도 아울러 밝히고 있다.

면암이 거느린 의병은 태인에서 하루를 묵고 다음 날(5일) 아침 일찍 정읍으로 행군하였다. 30리를 가 한교閑橋에서 점심을 먹고 곧바로 정읍 관아로 들어갔다. 태인에 이어 정읍도 무혈 입성하였다. 정읍군수 송종면宋鍾冕이 항복하고 면암을 영접하였기 때문에 아무런 저항이 없었던 것이다. 이곳에서도 군총·화승·탄환 등의 무기를 확보하였을 뿐만 아니라 1백 명의 장정을 더 모아 의진의 전력을 강화하였다.

면암이 거느린 의병은 오후에 다시 30리를 행군하여 내장사에 들어가 일시 유진하였다. 이 무렵 면암의 거의 소식을 듣고 고창군 흥덕의 유생 고석진이 김재구金在龜·강종회姜鍾會 등과 함께 전투력이 뛰어난 포군 30명을 거느리고 합세해 와 의진의 사기를 더욱 고무시켰다. 이때 면암 의병의 군세는 3백 명에 이르렀다.

6월 6일 아침, 면암은 손종궁孫鍾弓의 지휘하에 내장사 뜰에서 의병들을 좌·우익으로 나누어 잠시 군사훈련을 실시하였다. 훈련 없이 규합된 의병들에게 우선 기초적인 훈련이라도 즉석에서 실시하여 대오를 정렬하고자 했던 것이다. 이어 아침을 먹은 뒤 다시 30여 리를 행군하여 천연의 요새와도 같던 순창의 구암사龜岩寺로 들어가 일시 군사를 머물게 하였다.

구암사에서 밤을 지낸 면암은 이튿날 첫새벽 빗속에 행군을 개시하여 정오경 순창읍으로 들어갔다. 많은 주민들과 이속들이 나와 의병들을 환영하였고, 순창군수 이건용李建鎔은 면암 앞에 나와 항복하였다.

태인에서 의병을 일으킨 뒤 정읍을 거쳐 순창에 이르기까지 면암의 의진은 주민과 관속의 절대적 지지를 받으면서 아무런 저항 없이 행군할 수 있었다. 그동안의 행군 과정은 또한 군기와 군사를 모아 전력을 강화하는 세력규합의 여정이기도 하였다. 순창에 도착해서도 면암은 수성장을 불러 총포를 모아 화력을 보강하도록 조치하였다. 뿐만 아니라 의진이 순창에 당도하였을 무렵, 전일 연락을 취해 놓았던 채영찬이 수십 명의 포군을 거느리고 합류하였고, 황균창黃均昌과 김갑술, 그리고 양윤숙 등이 역시 수십 명의 포군을 데리고 합류해 옴으로써 의진의 전력

면암 의진이 유숙했던 순창의 구암사

은 한층 강화되었다. 그동안 태인에서 공금 50원, 소총 35정, 탄환 몇 말을 모은 것을 비롯하여 정읍에서는 공금 30원, 소총 20정, 화약 1백 근을, 그리고 순창에서는 공금 40원, 소총 25정, 화약 10근, 탄환 몇 말을 수집함으로써 전력을 더 보강할 수 있었다.

면암의 태인의병은 순창에 이르렀을 무렵 비로소 의진의 편제를 갖추었던 것으로 보인다. 이 무렵 의병장 휘하에 좌익장·우익장·신봉장·후군장·소모장·좌종사·우종사 등을 배치했다고 하는 기록으로 보아 그러하다. 그 밖에도 태인의진에는 화포장·수포수首砲手·서기 등의 직책이 보이고 있는데, 이 정도 편제가 태인의병의 활동과정에서 드러나는 직책의 전부라 할 수 있다. 그 가운데서도 직책에 따른 인명이 확인되는 경우는 선봉장에 이건용李建鎔(순창군수), 화포장에 강종회, 수포수에 김영찬·김갑술金甲述, 서기에 정시해鄭時海 등에 불과하다. 그 밖에 임병찬을 비롯하여 김기술金箕述·유종규柳鍾奎·김재구金在龜·이동주李東柱·이용길李容吉·손종궁孫鍾弓·임상순林相淳·임병인林炳仁·송윤성宋允性·임병대林炳大·이도순李道淳·최종달崔鍾達·신인구申仁求·최제학 등이 여러 직책을 맡아 활동과정에서 중요한 역할을 수행했던 것으로 믿어진다.

면암은 순창에 도착한 다음 날(6월 8일)에 남원 방면으로 진출하기 위해 곡성으로 행군하였다. 그곳에서도 주민 1백여 명이 마중을 나와 의진을 환영하였으며, 군수 송진옥宋振玉이 면암을 맞이하였다. 태인의병은 이곳에서도 공금 30원을 수집한 것을 비롯하여 소총 5정, 화약 13근 등의 군기를 모았다.

하지만 면암은 곡성에서 다시 길을 돌려 순창으로 회군하였다. 남원 방면으로 진출코자 했지만, 그쪽의 방비가 예상외로 견고하다는 첩보에 따른 피치 못할 선택이었다. 또한 이때 면암 의진에 가세하기 위해 구암사와 백양사에 포수 1백여 명이 도착해 있다는 소식도 면암이 군사를 돌리게 한 요인 중 하나로 작용하였다. 회군 도중 오산鰲山에 도착하여 유진할 무렵, 김송현金松鉉과 엄덕조嚴德祚 양인이 포군 수십 명을 거느리고 면암의 의진에 합세해 왔다. 이 무렵 면암의 군세는 6백 명에 이르렀을 정도로 규모가 커져 있었다.

이때 예기치 않은 일이 일어났다. 순창군수 이건용이 의진이 곡성으로 진출한 틈을 타서 전주관찰사 한진창韓鎭昌과 밀통하여 태인의병 탄압 방안을 강구하고 있었던 것이다. 노획문서를 통해 이러한 밀계를 탐지한 면암은 이건용을 의리로 타이른 뒤 오히려 그를 선봉장으로 삼아 휘하에 두었다. 면암의 태인의병은 6월 10일 옥과를 지나면서 다시 상당수의 포수를 영입하여 전력을 강화하였고 이어 순창으로 무사히 돌아와 유진하게 되었다.

면암이 순창에 다시 집결하였을 무렵 그의 군세는 9백 명으로 더욱 불어났다. 하지만 그 가운데 반수가 유생이었고, 총을 지닌 사람은 겨우 3백 명에 지나지 않았다고 한다. 곧 외형상의 성세에 비해 실질적인 전력은 빈약한 실정이었다. 그동안 면암의 의진은 군사 소모와 전력 확충에 노력하면서 주민들의 절대적인 지지를 받고 있었기 때문에 외형상 성세를 과시하면서 기세를 올리고 있었던 것이다. 더욱이 당시 호남 각지에서는 항일구국의 의기가 충천하여 도처에서 의병이 봉기하려는 정황을 드러내고 있었다. 정교의 『대한계년사』에 나오는 다음 기록이 그러한 분위기를 잘 보여주고 있다.

> 최익현이 물러나 옥과에 주둔하며 각 군에 격문을 전하자 전라북도 사민이 최익현이 거의하였음을 듣고서 앞을 다투어 날뛰지 않는 사람이 없었는데, 와서 참여하는 사람들이 매우 많았다.

위의 기록을 통해서 보더라도, 대원군 탄핵과 개항 반대투쟁 이래로 조야의 중망을 한 몸에 받고 있던 면암이 항일전의 전면에 나섰다는 사실에 호남의 민심이 크게 경도되어 있었던 것이다.

의진 해산

면암의 태인의병이 을사조약 늑결 이후 고조되던 항일의 기세를 상징할 만큼 호남지방에서 성세를 떨치게 되자, 일제 통감부는 민감한 반응을 보이며 즉시 대응조치를 취하였다. 통감부가 면암이 거느리던 의병의 동향을 예의주시하던 정황은 이 무렵 통감부의 총무장관 쓰루하라鶴原定吉이 자국의 외무대신 하야시 다다스林董 앞으로 보낸 다음 동향 보고서에 잘 드러나 있다.

이달 4일 밤에 의병이라 칭하는 비도 1백여 명이 전라북도 태인군에서 일어났으며 동시에 전주·목포 사이의 전선을 절단하여 상황이 불온하다는 보고가 있었다. 이에 앞서 홍주(홍성)의 비도는 거의 전멸되었으나 그 거괴가 아직 잡히지 않았으므로 한때는 다시 재연하지 않았을까 생각되었지만 전혀 예상을 벗어났다. 그 거괴는 작년 한일신협약의 성립에 즈음하여 목숨을 걸고 간언하는 상소를 올렸다가 우리 헌병으로부터 서울을 벗어나라는 명령을 받은 전 찬정 최익현이라는 자로서, 임병찬이라는 자를 부장으로 삼아 태인에서 정읍군을 거쳐 순창군을 점령하고, 혹은 담양에 이르고 혹은 곡성에 진입하여 머지않아 광주로 남하하려는 형세를 보이고 있기 때문에, 전라남도 각 군의 인심이 흉흉해졌으며 도처에서 부설浮說과 유언비어에 현혹되는 경우가 있어서 각 지역에 소재한 본국인(일본인)도 또한 그들의 생업에 편히 종사할 수 없는 상태가 되었다. 목포 이사관으로부터는 수비대의 파견을 요청해 오기에 이르렀다. 또 한

면암 의진의 지휘본부였던 순창 관아의 객관(현 순창초등학교 교정)

편에서는 광주 진위대의 거동에 혹시 적과 내응하고 있는 것이 아닌지 의심케 하는 점이 있어, 치안유지상 적절한 조치를 취할 필요가 있다고 인정하여 주차군(한국 주둔 일본군)과 협의한 결과, 목포·군산 지방을 수비할 목적으로 보병 1개 중대를 광주에 주둔시키기로 결정하였다.

곧 일제 통감부는 태인의병이 광주 방면으로 진출할 것을 대비하여 경찰·헌병대로 하여금 경계태세에 돌입케 하는 한편, 목포·군산 방면의 방어와 거류민 보호 등을 명목으로 서울의 한국주차군사령부에서 일본군 1개 중대를 광주로 급파하기로 결정하였다는 것이다. 당시 광주에 거주하던 일본인들 가운데는 미리 화를 피해 목포 방면으로 피신하는 사람들도 있었을 정도로 거의 호남 전역에 충격을 주었고, 그에 따라 일본인들은 공포에 떨어야만 했다.

일제는 전주 경찰고문지부의 보좌관 가토 마사노리加藤正典를 파견하고, 이어 전주수비대에 통보하여 고지마小島 보조원을 무장시켜 한국인 순검 수명과 일제 헌병 2명, 수비대 군인 6명 등을 출동시켰다. 이들은 태인의병을 정찰할 목적으로 파견되었으나 중과부적으로 도망치고 말았다. 결국 일제 통감부는 진위대를 동원하여 태인의병을 탄압하기로 방침을 바꾸었다.

일제 통감부는 대한제국의 군부에 압력을 행사하여 광주와 전주·안동의 진위대까지 동원하여 태인의병을 탄압케 하였다. 그리하여 6월 11일 광주관찰사 이도재李道宰는 의병 해산을 명하는 고종의 조칙과 관찰사 고시문을 의병장 면암에게 보내오면서 해산을 종용하였다.

면암은 관찰사의 해산 명령을 단호히 거절하였다. 자신의 거의 명분과 목적을 이미 고종에게 상소해 놓았기 때문에 황제의 비답이 내려오기 전에 자신의 거취문제를 명령하는 것은 관찰사의 월권이라는 논리였다. 그러나 일제의 사주를 받은 정부에서는 전주관찰사 한진창에게 전북지방 진위대를 동원해 의병을 해산시키라는 훈령을 내렸다. 한진창은 전주와 남원의 진위대를 순창으로 출동시켜 의진을 봉쇄하면서 압박하였다. 순창읍의 북쪽인 금산錦山에는 전주진위대가, 동쪽인 대동산大同山에는 남원진위대가 각각 포진하여 읍내 관아의 객관을 중심으로 유진하고 있던 면암의 의진을 압박해 왔던 것이다.

면암은 처음에 이들을 일제 군경으로 오인하고 즉시 전투태세에 돌입했었다. 그러나 얼마 뒤 척후병의 보고로 이들이 일제 군경이 아니라 동족인 진위대 군사들이라는 사실을 알고 동족상잔의 비극을 피하기 위해 진위대 측에 다음과 같은 간곡한 통첩을 보냈다.

우리 의병은 왜적을 이 땅에서 몰아낼 목적으로 싸울 뿐 동족 살상은 원치 않는다. 진위대도 다같은 우리 동포일진대, 우리에게 겨눈 총구를 왜적에게로 돌려 우리와 함께 왜적을 토멸하도록 하자. 그렇게 한다면 후세에 조국을 배반했다는 오명을 씻을 수 있으리라.

그러나 진위대는 이러한 면암의 간곡한 청원을 무시하고 의병 해산을 계속 요구해 왔다. 이에 면암은 "동족끼리 서로 박해하는 것을 원치 않으니, 너희들은 즉시 해산하라."고 하여 의진 해산을 명하였다. 그럼에도 불구하고 면암과 더불어 해산하지 않고 끝까지 남은 인원이 1백여 명에 이르렀다.

전주·남원 두 진위대는 11일 당일 오후 6시경 일제히 의병을 공격해 왔다. 이에 면암은 주위를 돌아보며 "이곳이 내가 죽을 땅이다. 제군은 모두 떠나라."고 하며 지휘부가 있던 객관 연청椽廳에 그대로 눌러앉았다. 그래도 끝까지 떠나지 않고 남은 자가 22명이었다. 중군장 정시해는 진위대의 공격으로 전사 순국하고 말았다. 진위대는 의병 측으로부터 아무런 저항이 없자 사격을 중지하고 지휘소를 포위한 채 그대로 밤을 지새웠다.

이튿날 오후 의병장 면암을 비롯한 임병찬林炳瓚·고석진高石鎭·최제학

崔濟學·김기술金箕述·문달환文達煥·임현주林顯周·양재해梁在海·조우식趙憂植·조영선趙泳善·나기덕羅基德·이용길李容吉·유해용柳海瑢 등 세칭 13의사는 모두 진위대에 체포되고 말았다. 그간의 정황을 당시『황성신문』(6월 14일자)에서는「최씨생금崔氏生擒」이라는 제하에 다음과 같이 비교적 상세히 보도하고 있다.

> 전북관찰사 한진창씨가 작일 정부에 전보電報하되 전주출주대全州出駐隊가 12일에 순창군에 이르러 하오 5시에 최익현·임병찬 등 13인은 생금生擒하고 여중餘衆은 개산皆散하였는데 병정과 인민은 병무일상並無一傷이오니 생금 제인諸人을 어떻게 조처할지 즉시 회교回敎하라 하였는데 답전答電하되 최·임 등 제인은 엄수嚴囚하고 사핵査覈 상보詳報하라 하였더라.

전북관찰사 한진창이 의진을 해산시키는 과정을 정부에 보고하고, 또 체포한 면암 등 13의사에 대한 처리방안을 정부에 문의하는 내용의 기사이다. 이후『황성신문』에서는 면암의 동정에 대해 그때그때 생생하게 보도하였다. 조야의 두터운 신망을 받고 있던 면암의 동정은 당시 인민들의 최대 관심 사안이 되어 있었고, 그에 따라 그 여파가 클 수밖에 없었다. 을사조약 이후 비등하던 한민족 대일투쟁의 최고 정점에 있던 면암의 역사적 위상은 여기서도 여실하게 드러난다.

면암을 비롯한 13의사는 순창에 하루를 머문 뒤 6월 14일 서울을 향해 길을 떠나 임실 갈담역葛潭驛(현 강진면 갈담리)에 도착하여 하루를 묵었다. 도중 내장산 고갯길인 추령秋嶺에 당도하였을 때의 일이다. 안의

서울 호송 중 면암이 묵었던 임실의 갈담

에서 온 선비 이완발李完發이 문득 면암이 탄 가마를 가로막고 통곡을 했다. 일본군 호위병은 칼을 빼어들고 제지하였지만 결코 물러서지 않았다. 결국 그는 포박을 당한 채 면암 일행과 함께 끌려가 전주에 수일간 감금된 뒤에 석방될 수 있었다. 면암을 대하던 당시 민심의 일단을 보여주는 생생한 사례라 할 수 있을 것이다.

15일 아침에 면암 일행은 종일 걸어서 당일 오후 늦게 전주에 도착하여 진위대 병영에서 하룻밤을 지냈다. 이어 여산과 연산을 지나고 18일에는 진잠 가수리佳水里를 경유한 뒤 경부선 대전역에 도착하게 되었다. 대전에서 서울행 열차를 기다리는 동안 일본인 기사가 면암의 사진을 찍었다고 한다. 의관을 정제하고 앉은 채 부채를 손에 쥐고 안경을 쓴 면암의 사진은 이때 찍은 것임을 알 수 있다.

18일 오후 대전에서 기차를 탄 면암 일행은 당일 저녁 서울역에 도착

호송 중의 면암

하였고, 즉시 일제의 헌병대에 구금되었다. 면암 피체 후 열린 정부 각 료회의에서 평리원으로 이들을 압송하여 심리하기로 의결하고 그 내용을 전북관찰사 한진창에게 훈령했다는 『황성신문』 기사(6월 15일자)를 감안할 때, 면암 일행에 대한 구금 주체가 평리원에서 일제 헌병대로 바뀌었음을 알 수 있다. 일제 정보기록에 의하면, 태인의병에 조금 앞서 해산당한 홍주의진의 피체 인사들과 함께 심문할 필요가 있다는 이유에서 면암을 일제 헌병대에 구금한다는 것이다. 앞서 와해된 홍주의진의 중심인물 9명이 먼저 헌병대에 구금되어 있었으므로, 면암 일행은 홍주 9의사와 동시에 같은 장소에 구금되어 있었던 것이다.

면암은 자신이 대한제국의 법부가 아닌 일제 헌병대로 구금된다는 말을 듣고 다음과 같이 호통을 쳤다.

> 나는 황제의 칙지가 있어 왔는데, 저 왜놈들은 무엇하는 자들인가? 내가 구금된다면 의당 대한국 법사法司에 구금되어야 하겠거늘, 대한국 최모가 어찌 왜놈의 사령부를 알 턱이 있겠느냐?

헌병대 문 앞에 당도해서도 면암은 또 땅바닥에 주저앉아 "여기가 군부軍部냐 법부法部냐"고 외치며 크게 꾸짖었다고 한다.

면암은 1905년 봄에 상소투쟁으로 일제 헌병대에 일시 구금되었을 때 사용한 북쪽 11호 감방에 다시 투옥되었다. 착잡한 감회에 젖어 면암은 이때 "늙어서 제비처럼 거듭 옛집을 찾았구나."라는 말을 남겼다.

헌병대에서 면암은 수차 심문을 받았으나, 그때마다 오히려 심문관을 꾸짖으며 일제의 죄상을 성토하는 등 대한 의사의 드높은 기상을 한시도 잃지 않았다. 특히 8월 10일 일본 관원으로부터 심문을 받을 때는 목이 쉴 만큼 큰 소리로 "너의 임금 목인睦仁(무츠히토)은 아비를 죽여 제위에 올랐고, 이등박문은 임금을 시해하고 정사를 천단擅斷했는데, 지금 너희들이 역적을 도와 포학을 자행하니 모두 같은 무리이다. 내가 비록 감옥 안에서 죽을지라도 내 나라는 반드시 네 땅이 되지 않을 것이다. 만약 살아 돌아간다면 다시 군사를 일으켜 오적을 무찔러 없애고야 말리라."고 하여 일제의 무도와 대한침략의 죄상을 꾸짖었다고 전해진다.

대마도에 떨친 대한 의혼義魂 07

대마도 피수

명동의 일제 헌병대에 갇혀 있던 면암 등 13명의 의사들은 8월 14일(음 6. 25) 오후 늦게 필동의 진고개에 있던 한국주차군사령부로 끌려갔다. 일제의 육군이사陸軍理事로부터 이른바 형을 선고받기 위해서였다. 면암은 인력거를 타고 앞서고, 뒤이어 임병찬 이하 11명은 포승에 묶여서 끌려갔다. 의자에 앉은 면암 외의 의사들을 열을 지어 세워 두고, 일제의 육군이사는 면암에 대해 다음과 같은 선고 이유서를 낭독하였다.

최모는 유생에 대해 세력과 명망을 지닌 것을 자부하고 동지를 규합하여 통감부와 사령부를 핍박하며, 홍주 폭도 민종식과 더불어 일맥상통이 되어 실제로 목적한 바 있으니 마땅히 엄벌에 처할 것이나 정상이 가긍하여 다음과 같이 선고한다.

요컨대, 유림계에 명망 있는 지위를 이용하여 동지를 규합한 뒤 의병을 일으켜 민종식의 홍주의병과 연합전선을 구축하며 일제 침략에 저항한 것이 면암의 죄상이라는 것이다. 대한제국을 침략한 일제의 죄상을 스스로 입증하고 폭로한 선고 이유서인 셈이다. 면암을 비롯한 13의사들이 받은 이른바 '형량刑量'은 다음과 같다.

최익현 : 3년

임병찬 : 2년

고석진 최제학 : 4개월

김기술·문달환·임현주·양재해·조우식·조영선·나기덕·이용길·유해용 : 태 1백 대

호남지방 항일 민심을 격동시켰던 면암 등이 이처럼 형량을 선고받자 『황성신문』(1906년 8월 18일자)에서도 「감금처답監禁處答」이란 제하에 그 사실을 다음과 같이 자세히 보도하였다.

의병의 간련干連으로 일본헌병대에 피수被囚한 제씨를 심사처판審查處辦하였는데 최익현씨는 감금 3년에 처하였고 임병찬씨는 2년에 처하였고 고석진·최제학씨는 4삭朔에 처하였고 그 나머지 양재해씨 등 9명은 태 1백에 처하였다더라.

이처럼 당시 신문은 그 실상을 비교적 정확히 보도하였다.

그런데 면암과 그의 참모장 임병찬이 대마도로 끌려가 유폐당하게 된 것은 이에 앞서 홍주의병의 주모자인 홍주 9의사가 대마도로 끌려간 전례를 그대로 답습한 것이었다. 일제가 이처럼 면암 등 의병 주모자 11명을 대마도로 끌고 가 유폐한 배경과 이유는 다음과 같다.

1905년 11월 을사조약이 늑결된 이후 항일의병이 도처에서 일어나는 등 항일투쟁의 열기가 급격하게 고조되자, 통감 이토 히로부미는 이러한 기세를 진정시킬 방안을 절급히 마련해야 할 처지에 있었다. 일제의 의병 대마도 유폐계획은 을사조약 늑결 이후 이와 같은 시대적 상황에서 나왔고, 통감의 정책적 판단과 필요에 의해 단기간에 수립·추진된 것이었다.

이토 히로부미가 의병 유폐안을 처음 구상한 것은 홍주의병을 와해시키고 그 중심인물들을 서울로 끌고 온 직후인 1906년 7월 초순으로 생각된다. 7월 11일 통감 이토 히로부미가 육군대신 데라우치 마사타케寺內正毅에게 보낸 전보電報에 최초로 대마도 유폐계획이 언급되어 있다. 홍주의병의 처리안건을 각의에 제출해줄 것을 요청한 그 전문電文의 내용은 다음과 같다.

금회 폭도 수령으로 지목한 자로서 사형에 해당되는 자 5명 정도 있음. 이들을 사형에 처한다는 것은 외관상 가혹이 지나치다고 우려되지 않는다고 할 수 없음. 본관은 [한국주차]군사령관長谷川好道과 협의한 후 사형을 감하여 종신감금으로 선고하고 이들을 대마도에 배치하여 동도同島 수비대의 감시하에 감금할 것을 희망함. 지금 이들을 한국 정부에 맡겨 그

형을 집행한다는 것은 도저히 그 목적을 달성할 수 없어서 아라비 파샤를 콜롬보에 유배한 고례古例를 본받으려 한 것임. 이 일은 군법을 위반한 예에 속하므로 감히 각하께서 번거로우시더라도 임기응변에 머물지 않을 수 있게 조치하도록 각하께서 내각에 제출하시어 가부의 명령의 받을 수 있기를 희망함.

곧 광포하고도 잔인하게 자행된 홍주의병 탄압에 대한 비난여론을 의식하여 이를 무마하기 위해 '사형에 상당하던' 홍주의병 5명을 종신형으로 낮추어 이들을 자국의 대마도로 끌고 가 철저히 유폐시키겠다는 것이었다. 통감은 대마도 의병 유폐가 임기응변에 따른 일시적 조처가 아니라 일본 정부의 정책적 차원에서 시행될 수 있도록 육군대신을 경유하여 그 안건을 각의에 제출하였던 것이다.

그리고 여기서 특기할 사실은 이토 히로부미가 홍주의병에 대한 처리방안을 강구하는 과정에서 영국이 이집트를 침략할 때 이집트 민족운동의 영웅인 아라비 파샤Arabi Pasha(1839~1911)를 멀리 실론 섬으로 유폐한 사실에 착안했다는 점이다. 아라비 파샤는 영국이 이집트를 침략·지배할 때 영국에 저항하여 이집트의 민족운동을 지도한 상징적 인물이다. 그가 지휘하던 군대가 1882년 9월 앗탈알카비르에서 벌어진 영국군과의 전투에서 패하게 되자, 군사재판에 회부된 그는 사형을 선고받기에 이르렀다. 하지만 종신형으로 감형된 뒤 그는 영국에 의해 이집트에서 추방되어 영국의 또 다른 식민지였던 실론의 콜롬보에 거의 20년간 유폐되었다. 아라비 파샤는 1901년 영국 정부의 승인하에 이집트로 돌아올 수 있었다.

이처럼 이토 히로부미는 영국이 이집트의 민족운동을 분쇄하기 위해 아라비 파샤를 유폐했던 전례를 원용하여 을사조약 이후 격렬하게 전개되던 한민족의 항일투쟁을 억제하기 위해 홍주 9의사와 뒤이어 피체된 면암 등을 자국으로 끌고 가 유폐하는 방안을 강구했던 것이다. 곧 이토 히로부미는 면암 등 대마도 피수 의병들을 이집트에서의 아라비 파샤와 동일한 비중을 두고 비슷한 역할을 한 것으로 간주하였고, 한민족의 항일투쟁을 상징하던 표상 혹은 정점으로 이들을 인식하고 있었다고 할 수 있다.

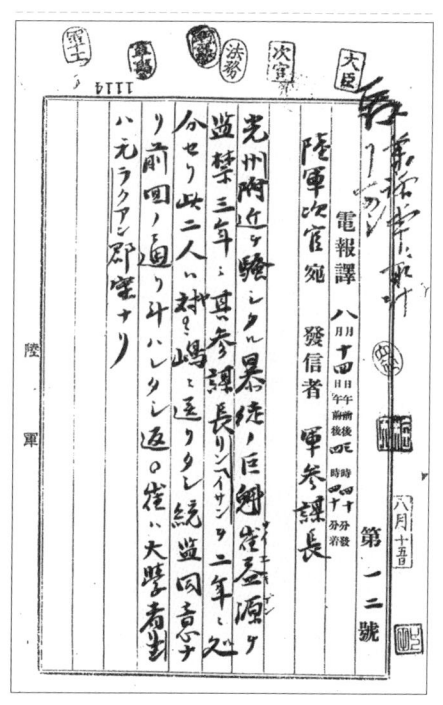

면암의 대마도 피수 관련 일제 문서

통감의 전보를 받은 육군대신 데라우치는 이틀 뒤인 7월 13일 내각 총리대신 사이온지 긴모지西園寺公望에게 공문을 보내 통감의 의사와 그 처리방안에 의거하여 이 안건을 각의에 회부해 줄 것을 요청하였다. 이에 대한 내각 청의안請議案이 그 이튿날 통과되었으며, 각의에서도 그대로 의결되었다. 이로써 7월 초부터 입안되어 한 달간에 걸쳐 조정·완성된 대마도 의병 유폐계획은 실행 단계로 들어갔다. 이에 따라 면암 등

11명의 의병들은 적국의 대마도로 끌려가 영어囹圄의 몸이 되어 갖은 고초와 수난을 겪게 되었던 것이다.

5월 31일 새벽 홍주성이 실함된 뒤 154명 이상이 일본군에게 포로로 잡혔으며, 그 가운데 중심인물로 분류된 82명은 서울로 끌려갔다. 이들은 헌병 5명이 감시하는 가운데 6월 7일 홍주를 떠나 예산 신례원과 온양을 경유한 뒤 6월 9일 천안에서 기차를 타고 당일 서울 남대문역에 도착, 한국주차군사령부에 구금되었던 것이다. 이들 홍주의병은 한국주차군사령부에서 심문을 받은 후 7월 17일(음 5. 26) 모두 77명 가운데 16명이 일제로부터 이른바 '징역형'을 선고받았고, 나머지 의병은 30~50대의 태를 맞고 석방되었다. 이때 1년 이상 이른바 징역형을 선고받은 9명의 명단과 '형량'을 보면 다음과 같다.

유준근柳濬根 · 이식李侙 · 남규진南奎振 · 신현두申鉉斗 : 무기
이상두李相斗 : 15년   최상집崔相集 : 5년
문석환文奭煥 : 4년   신보균申輔均 : 3년
안항식安恒植 : 1년

이들이 곧 홍주 9의사로 대마도에 유폐된 의병들이다. 일제는 계획된 각본에 따라 8월 7일(음 6. 18) 먼저 홍주의병 9명을 서울에서 부산으로 이동시켰다. 이들은 5명의 헌병이 감시하는 가운데 당일 오전에 남대문을 나와 용산정거장에서 기차를 탔다. 이때 유준근의 형제인 유태근柳台根과 유홍근柳洪根, 안병찬의 아들인 안석로安奭老, 면암의 아들 최영

조崔永祚 등이 배웅하며 눈물을 뿌렸다. 서울을 떠난 홍주의병은 당일 저녁 초량에 도착하였고, 잠시 휴식을 취한 뒤 곧 배에 올랐다. 이들이 탄 배는 야간 항해를 한 끝에 다음날인 8월 8일 새벽 대마도 이즈하라嚴原 항구에 도착하였다. 그리고 의병들은 선두에 섰던 일본 헌병들에 끌려 하선한 뒤 일본인 시마오 소우스케島雄莊介의 사가私家인 잠상실蠶桑室에 수용됨으로써 바로 유폐생활에 들어갔다.

면암과 임병찬은 홍주 9의사에 뒤이어 대마도로 끌려갔다. 이들이 대마도에 유폐되던 과정은 홍주 9의사의 전례 그대로였다. 면암 등에 대한 선고가 내려지던 8월 14일 한국주차군 참모장은 육군차관에게 전보를 보내 이들을 대마도에 추가로 유폐할 계획임을 다음과 같이 보고하였다.

> 광주光州 부근에서 소요騷擾를 일으킨 폭도의 거괴巨魁 최익현은 감금 3년, 그 참모장인 임병찬은 2년으로 처분하였음. 이 두 사람을 대마도로 송치하고자 한 것은 통감 동의였음. 전회(홍주의병 유폐)와 같이 조치할 것임. 최는 대학자, 임은 전 낙안군수였음.

위의 인용문을 통해서도 면암과 그의 참모장 임병찬을 대마도로 유폐한 주범이 곧 대한침략의 원흉인 통감 이토 히로부미였음을 확인할 수 있다.

이에 육군대신 데라우치는 8월 18일 일본 고쿠라小倉에 사령부를 둔 제12사단장 아사다 신코淺田信興 앞으로 다음과 같은 전보를 보내 한국주차군사령부와 직접 교섭하여 면암과 임병찬을 대마도로 유폐하도록 명령을 내렸다. 또 육군차관도 같은 날 한국주차군 참모장 앞으로 전문을 보내 대마도 유폐 절차에 대해서는 제12사단과 직접 교섭할 것을 지시하였다.

한편, 일제 통감부와 육군성 사이에 이와 같이 면암의 대마도 유폐 절차가 진행되고 있는 동안, 감옥에서는 면암이 한때 동해상 독도 부근에 있는 일본의 오기섬隱岐島으로 유폐될 것이라는 소문이 돌기도 했던 것으로 보인다. 함께 수감되어 있던 최제학이 남긴 일기 가운데 "통역하는 자에게 들은즉 선생 이하 구금된 여러 사람들을 장차 모두 일본 오기섬으로 압송할 모양이라고 한다"라고 한 기록(8월 9일자)을 통해서 그러한 정황을 짐작하는 것이다. 이러한 정황으로 보아 옥중의 면암도 머지않아 일본으로 끌려가게 될 것이라는 소문을 듣고 있었음을 알 수 있다.

일제의 대마도 유폐 준비가 마무리되자, 면암과 임병찬은 8월 28일(음 7. 9) 대마도로 끌려가, 먼저 와 있던 홍주 9의사와 적국 유폐지에서 서로 만나게 되었다. 면암은 헌병들의 감시하에 8월 27일 오전에 기차를 타고 서울을 떠나 오후 6시경酉時 부산 초량에 도착하였다. 면암의 세 아들인 영조永祚·영학永學·영설永卨과 임병찬의 아들 응철林應喆, 임병찬의 아우 병대炳大를 비롯하여 최만식崔萬植(오위장)·최우서崔禹瑞·이승규李承奎·최제태崔濟泰·최제학崔濟學 등이 부산까지 면암을 동행하였다. 곧이어 면암은 초량 도착 직후인 당일 저녁 배에 올라 야간 항해를 한 끝에 8월 28일 아침에 대마도 이즈하라嚴原 항구에 도착하였으며, 홍주 9의사가 감금되어 있던 시마오 소우스케의 사가인 잠상실에서 이들과 함께 유폐

생활에 들어갔다. 홍주의병이 유폐된 지 20일이 지난 후의 일이었다.

일제의 유폐의병 감시

면암을 비롯한 대한 의사 11명을 대마도로 끌고 간 일제는 감금소를 빨리 신축해야만 했다. 급한대로 이들을 사가私家에 수용했지만, 그곳은 어디까지나 수용 설비가 제대로 갖추어지지 않은 임시 거소였다. 처음 이토의 대마도 유폐안을 검토한 데라우치 육군대신이 대마도 대신 북해도에 유폐할 것을 제안했던 이유도 대마도에는 감옥이 없기 때문이었다.

이에 12사단에서는 임시군사비 1천 엔을 포함해서 총 9천 850엔의 공사비를 들여 8월 하순 감금소 신축공사에 들어갔다. 그리고 감금소가 준공되는 11월 말까지 3개월 동안에는 매월 15엔에 차입한 시마오 우스케의 사가에 면암 등 11명의 의병이 함께 수용되어 있었던 것이다.

면암 등이 임시 수용된 시마오의 사가는 곧 양잠업과 관계된 잠상실이었다. 이 건물은 고유 명칭이 없었던 것으로 보이며, 그 용도와 성격에 따라 다양하게 불렸다. 타이산太山文吉郎이라는 양잠 교사가 배치되어 있었던 점으로 보아 양잠 교육과 관련된 용도로 사용된 것은 확실하지만, 더 이상 구체적인 용도와 내역은 확인되지 않는다. 일제 측 기록에 '엄원갱산장嚴原梗産場'으로 나타나는 이 임시 감금소의 명칭에 대해 문석환은 '잠상실蠶桑室'로, 신보균은 '잠실蠶室'로, 유준근은 '잠방蠶房'으로, 그리고 임병찬은 '잠농교사가蠶農敎師家'로 거의 비슷한 의미로 기록한 점으로 미루어 양잠교육과 관계된 건물임을 확실히 알 수 있다. 그 밖에

1926년 『동아일보』에 연재된 대마도 탐방기에도 '양잠전습소養蠶傳習所'로 기록한 점도 이러한 사실을 뒷받침해 준다.

면암 등이 거처한 잠상실의 주소는 이식이 보내온 편지에는 '이즈하라마치嚴原町 이마야시키今屋敷 684번지'로 기록되어 있다. 한편, 문석환의 『마도일기』 끝 면에는 '이마야시키今屋敷 5번호五番戸'라는 주소가 나오는데, 이것도 잠상실과 관계된 지번으로 믿어지지만 확단할 수 없다. 잠상실의 위치는 1926년 8월 현지를 탐방한 『동아일보』 기자가 남긴 「정충최면암선생貞忠崔勉庵先生의 분사憤死한 유배처방문流配處訪問」 기사를 통해 구체적으로 짐작할 수 있다.

> 처음 귀양살이를 하던 경비대는 흔적도 남지 않게 헐리고 지금 그 자리에 축성지부築城支部가 새로 섰으므로 찾아보아야 알 길이 없겠으므로 [면암이] 임종을 한 산업전습소 자리를 찾아갔다. 산업전습소는 마장통馬場通 팔번신사八幡神社 뒤편 국분國分이라는 거리 뒤편 산복에 있는데 …… 너무 거치른 데라 무시무시한 생각이 나서 배암이나 나오지 않는가 하고 발밑을 경계하며 간신히 대문을 젖히니 …… 집의 위치로 보아 면암선생이 계시던 곳임즉 하여 보이는 언덕 위에 놓인 방으로 찾아가서 꼭 닫힌 문을 열어보니 곰팡이 냄새가 코를 찌른다. 방 안에는 아무것도 없고 양잠전습소 시대에 쓰던 것 같은 상자가 두어 개 놓였을 뿐인데 ……

위의 인용문에는 의병이 처음 감금되었던 장소가 대마경비대 병영인 것으로, 또 면암이 순국한 장소가 '양잠전습소'인 것으로 각각 잘못 기

면암의 대마도 유폐 현장 탐방기사(『동아일보』 1926년 8월 12일자)

록되어 있다. 하지만 대마경비보병대대 및 잠상실의 위치와 관련해서는 중요한 사실을 알려주고 있다. 신축 감금실이 있던 대마경비보병대대 자리에는 1926년 현재 '축성지부築城支部' 건물이 자리잡고 있다고 하였으며, 특히 '양잠전습소(1926년 당시에는 '산업전습소'로 불림)'가 야하다신사 뒤 고쿠분國分 거리 후면 산복에 있었다고 기록한 사실은 특기할 만하다. 이러한 기록을 통해서 볼 때 당시의 잠상실은 현재 이즈하라 시내의 정북방에 있는 야하다신사의 뒤쪽 산록에 있었음을 알 수 있다. 나아가 1926년 당시에 이미 폐가가 되어 있었던 사실도 알려주고 있다.

잠상실의 자세한 구조나 규모를 알려주는 자료도 현재 확인되지 않고 있다. 다만, 1906년 11월 5일(음 9. 19) 잠상실에서 의병과 필담을 나누었던 일본 상인 우치노쿠모內野雲(1866년생)가 남긴 기록(『反故酒裏見』)에 잠상실 내부 스케치가 들어 있어 이를 통해 대강의 구조를 짐작할 따름이다. 여기에 따르면, 단층으로 된 잠상실의 기다란 내부를 막아 한쪽은 침실로 사용했고, 다른 한쪽은 식당과 거실로 사용하였다. 그러므로 11명의 의병은 넓은 침실 한 공간에 놓여 있는 11개의 침상에서 함께 잠을 잤던 것이다. 대마도 향토사가였던 우치노쿠모는 이때 의병과 필담을 나누고 돌아가 잠상실의 감금소 도면을 필사해 놓았다. 면암과 함께 감금되었던 임병찬과 신보균의 일기에도 '일본 상인'이 궐연 6갑을 가지고 잠상실을 내방해 제국주의의 속성과 동양의 대세 등에 관해 의병과 필담을 나눈 사실이 비교적 자세히 기술되어 있다.

면암 등은 1906년 12월 1일(음 10.16) 잠상실을 떠나 대마경비보병대대 병영 내에 신축된 감금소로 이른바 이감되었다. 현재 남아 있는 일

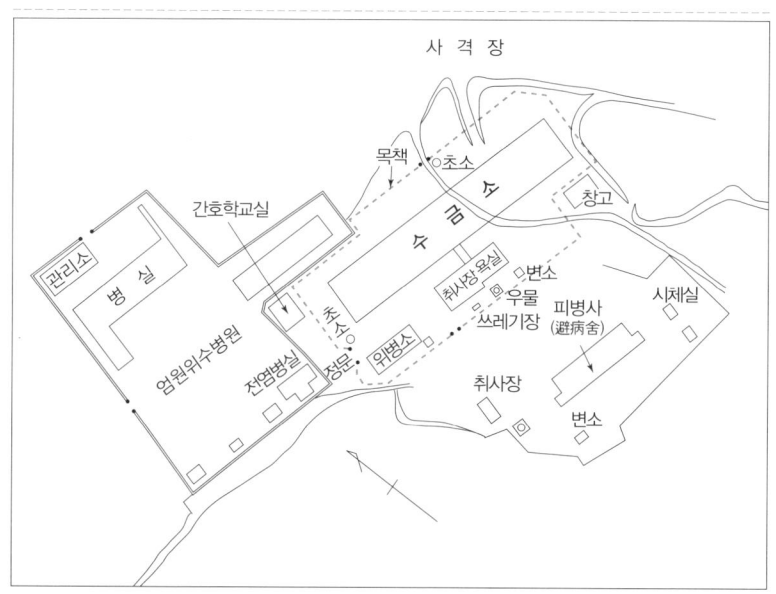

대마경비보병대대 병영내 감금소 배치도

제 측 자료를 통해 신축 감금소의 규모와 구조를 보면, 주 건물인 수금소收禁所, 욕실과 취사장庖廚이 들어있는 보조건물, 우물, 변소 그리고 위병소와 초병사哨兵舍 등 몇 개의 부속건물로 이루어져 있었다. 방 11개와 청마루 2개로 이루어진 수금소 건물은 동서 방향으로 길게 늘어진 직사각형 형태로 남남서향으로 자리 잡고 있었고, 그 전면에는 4개의 방에 취사장·욕실·역부 처소·변소 등이 들어 있던 보조 건물 역시 남남향의 직사각형 형태로 수금소 건물과 병열형으로 배치되어 있었다. 그리고 두 건물은 낭하廊下로 연결되었다. 욕실과 취사장 건물의 전면 좌측에는 화장실과 우물이, 전면 우측에는 위병소가 각각 자리잡고 있었다.

대마경비보병대대의 간부급 명단의 추이

1906년 7월 20일 현재		1906년 12월 5일 현재		1907년 6월 15일 현재	
대대장	소좌 副島以辰	대대장	소좌 副島以辰	대대장	소좌 目賀田生五郎
부 관	대위 原田敬一	부 관	대위 松田善衛	大隊附	대위 樋口文雄
大隊附	대위 不二繁三郎	大隊附	대위 樋口文夫	부 관	대위 伊藤猪久夫
중대장	대위 田尾幹	중대장	대위 田尾幹	중대장	대위 田尾幹
同	片野滋雄	同	山田愼藏	同	山田愼藏
大隊附	중위 瀧祐次	大隊附	중위 長西四郎	大隊附	중위 長西四郎
	同		同　柏原滿雄		同　柏原滿雄
	同		소위 日高直二		소위 日高直二
	同		同　占部正敏		同　占部正敏
	소위 日高直二		同　松田隆次郎		同　松田隆次郎
	同　占部正敏		同　松原浩		同　松原浩
	同　松田隆次郎		同　田中凡勝市		同　田中凡勝市
	同　松原浩		三等主計 小山源太郎		三等主計 小出源太郎
	三等主計 小山源太郎		一等軍醫 青木銀吾		一等軍醫 青木銀吾
	一等軍醫 青木銀吾		三等軍醫 中村榮		三等軍醫 原理策
	三等軍醫 中村榮		同　　原理策		
定員外	대위 松田善衛	定員外	대위 原田敬一	定員外	대위 原田敬一
	소위 川邊秀		소위 川邊秀		소위 鈴木耕太
	同　鈴木耕太		同　鈴木耕太		
	同　田中凡勝市				

감금소의 정문은 수금소의 서쪽에, 후문은 수금소의 북쪽 뒤에 나 있었고, 그곳에는 출입자를 감시하기 위한 초소가 각각 설치되어 있었다. 그리고 이와 같은 감금소 시설 일체를 외곽으로 둘러싸고 직사각형에 가까운 형태로 높은 목책을 둘렀다. 1914년 감금소 건물 해체시에 보고된 수금거실(192평)과 목책(107칸)의 규모를 기준으로 대략 계산할 때, 목책 안의 감금소 시설 전체의 면적은 500평 내외, 목책의 길이는 200미터 정도로 상당히 큰 규모였다.

대마도 현지에서 면암 등 유폐의병의 감금업무를 책임진 부대는 대마경비보병대대였다. 면암이 유폐당해 있던 기간에 대마경비보병대대의 대대장은 소에지마副島以辰 소좌였다. 그는 이후 1907년 음력 2월 연대장으로 승진되어 구루메久留米로 전근할 때까지 재임해 있었다. 이때는 면암이 순국한 뒤였다. 참고로 소에지마의 뒤를 이어 메가다目賀田生五郎 소좌가 후임으로 부임해왔으며, 그는 유준근·이식·이상두 3명 외에 의사들이 모두 석방되던 1908년 10월 현재까지 재임 중이었다.

대마경비보병대대를 관장하고 있던 상급부대는 대마경비대사령부對馬警備隊司令部였다. 이 사령부는 이즈하라嚴原에서 북쪽으로 7~8km 떨어진 케치鷄知에 본부가 있었고, 면암을 비롯한 의병들의 유폐기간에 대체로 재직했던 사령관은 가와무라川村益直 소장이었다. 그는 의병들이 유폐되던 전인 1906년 7월 이전에 사령관으로 부임한 뒤 1908년 5월 이후부터 그해 하반기 사이에 전임되었다. 그는 또한 조선에 대해 정치적·군사적 침탈이 우심하던 1895년 5월 중좌 시절에 서울에 들어와 고종까지 알현했던 인물이다.

대마경비대사령부는 북구주小倉에 본부가 있던 제12사단 관할하에 있었다. 면암 등 의사들의 감금 기간에 재직한 사단장은 아사다 신코淺田信興 소장이었다. 그는 면암이 대마도에 끌려오기 직전인 1906년 7월에 제12사단장으로 부임한 이래 감금기간 내도록 재임해 있었으며, 뒷날 대장으로 승진하여 군요직인 교육총감敎育總監을 지내기도 했다.

면암을 비롯한 대마도 유폐의사 11명은 제12사단小倉－대마경비대사령부鷄知－대마경비보병대대嚴原로 이어지는 명령계통에 따라 감시를 받았다. 의사들은 감금소 밖 출입조차 불가능했을 정도로 삼엄한 감시를 받았다. 감금소에는 위병이 배치되어 의병을 감시하고 그 내용을 상부에 보고하는 체계를 갖추고 있었다. 이즈하라의 대마경비보병대대는 2개 중대로 편제되어 있었으며, 위병은 각 중대에서 윤번제로 매일 교대로 배치되었던 것으로 보인다. 유폐 초기에는 5명의 위병이 배치되어 감금소를 삼엄하게 지켰으며, 또한 교대로 배치된 주번 소대장이 감시 책임을 맡고 있었다.

단식투쟁

면암이 대마도에 도착하자. 홍주 9의사가 차례로 인사를 드렸다. 나이로 보거나 지위, 위망으로 보아 면암은 유폐 의병들의 상징적 인물이 되었을 뿐만 아니라 명실상부한 지도자였다. 면암은 마지막 임종에 이를 때까지 이들 각인에게 위안과 원조를 주는 정신적 구심체로서, 나아가 스승의 지위로 이들을 지도하게 되는 것이다.

하지만 면암은 감금소에 도착하자마자 모진 수난을 당하였다. 면암 일행이 도착하자, 대마경비보병대대장 소좌 소에지마가 휘하 중대장과 참모들을 데리고 감금소를 찾아와 유폐의병 11명을 세워놓고 관을 벗고 경례를 하도록 명령을 내렸다. 통역의 말을 들은 면암은 격노하여 그를 꾸짖고는 탈관을 단호히 거부하였다. 그러자 대대장이 "너희는 일본이 주는 밥을 먹었으니 일본의 명령을 따라야 할 것이다. 관을 벗으라면 관을 벗고 머리를 깎으라면 깎아서 명령대로 시행할 일이지 어찌 감히 거역한단 말인가."라고 하면서 억지로 관과 건을 벗기려 할 뿐만 아니

대마도 이즈하라(嚴原) 항구

라, 총검을 들이대고 위협하기까지 했다.

면암은 가슴을 풀어헤치며 "이놈, 어서 찔러라"라고 대성일갈하니, 차마 볼 수 없는 광경이 벌어졌던 것이다. 74세의 노구에게 가해지는 참을 수 없는 수모였다.

면암은 이런 처지에서 죽을 결심을 하고 주위를 돌아보며 다음과 같이 비장한 각오로 단식을 선언하였다.

내가 왜와 30년 동안 싸워왔으니, 저들이 나를 해치는 것은 조금도 괴이하지 않다. 또한 나는 나라가 위태해도 부지扶持하지 못하고 임금이 욕을 당해도 죽지 못하였으니, 내 죄는 죽어 마땅하다. 그러나 오늘까지 살아 있는 것은, 헛되이 죽는 것이 국가에 무익하니 대의大義를 천하에 펴고자 한 것이다. 그러나 일이 성공하지 못한 것은 의병을 일으키던 날 이미 알았으니, 오늘의 흉액凶厄은 오히려 늦다고 할 것이다. …… 지금 이미 이 지경에 이르러 그들의 음식을 먹고 그들의 명령에 따르지 않는 것도 의義가 아니니, 지금부터는 단식하고 먹지 않을 것이다. 전쟁에서 죽지 않고 단식으로 굶어 죽는 것도 또한 운명이다.

이처럼 죽을 결심을 한 면암은 대마도에 도착한 8월 28일 당일 저녁부터 단식에 들어갔다. 그리고 이튿날 새벽 최후로 고종에게 올릴 유소遺疏를 임병찬에게 구술하였다.

신의 나이 74살이니 죽어도 무엇이 애석하겠는가. 다만 역적을 토벌하지 못하고 원수를 갚지 못하며, 국권을 회복하지 못하고 강토를 다시 찾지 못하여 4천 년 화하華夏의 정도正道가 더럽혀져도 붙들지 못하고, 삼천리 강토의 선왕적자가 어육이 되어도 구원하지 못하였으니, 이것이 신이 죽더라도 눈을 감지 못하는 이유이다.

대한 의사의 표상이 된 면암의 의로운 기상과 올곧은 성품이 절절히 배어 있어 후인들로 하여금 절로 옷깃을 저미게 한다.

면암이 단식하게 되자, 다음날 대대에서 위관 3명이 황급히 찾아와 식사를 온전히 권유하였다. 그들은 면암이 단식하게 되면 다른 의사들도 식사를 하기 어려운 현실을 들어 설득하려 했다. 그러자 임병찬이 면암의 단식을 의리관에 따른 당위성으로 설명하고 그들을 돌려보냈다. 이날 면암은 종일 아무것도 먹지 않았다.

단식 3일째 되던 날(30일), 사태의 심각성을 깨달은 소에지마 대대장이 다시 면암을 찾아왔다. 통역상 오류가 있었음을 변명하면서 "머리를 깎고 옷을 변경하라는 말은 잘못 들은 말이며, 모자를 벗으라는 것은 관인에 대한 예의다."고 필담으로 임병찬에게 전하며, 단발과 변복을 강요하지 않는다는 서약을 했다. 감금 업무를 책임진 대대장으로서는 만약 면암에게 흉변이 생기게 되면 그가 가진 위망과 비중으로 보아 난처한 지경에 처하지 않을 수 없을 것이기 때문에 결코 사태를 관망할 처지는 아니었다. 이에 임병찬이 대대장의 의사를 전하게 되자, 면암도 그날 저녁부터는 죽을 조금씩 먹기 시작하였던 것이다. 그러나 노구에 3일간의 단식은 건강에 커다란 타격을 가져와 이후 수감 동안 면암은 늘 병고에 시달리게 되는 것이다.

의로운 순국

면암은 74세의 고령으로 대마도 유폐생활의 고초를 견디지 못하고 1907년 1월 1일(음 1906. 11. 17) 마침내 옥중에서 순국하였다. 임병찬은 운명한 시각을 인시(새벽 3~5시)로 기록하였으며, 상부에 보고한 일제 정보기록에는 새벽 3시로 되어 있다.

면암의 병세가 위중하게 되자, 일제는 그의 죽음이 몰고 올 파장을 예견하여 이에 철저하게 대비하고 있었다. 면암의 유폐 감금업무를 관장하고 있던 대마경비대사령관은 12월 25일자로 이시모토 신로쿠石本新六 육군차관에게 그의 병세를 다음과 같이 보고하면서 임종이 임박했음을 미리 알렸다.

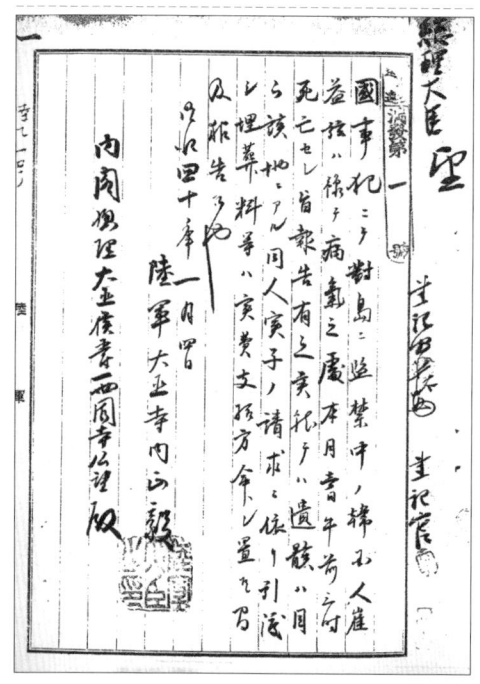

면암의 순국 관련 일제 문서

병명은 만성 기관지 카다르 겸 폐흉충肺熅衝으로 목하 위험한 증상으로 인정되지 않으나 쇠약이 심하여 회복하기 어려울 것임. 이 사실은 이미 사단에 보고하였음.

이로 보아 면암은 최후 임종시에는 폐 질환을 앓고 있었으며, 극도의 노쇠현상으로 거의 탈진상태에 놓여 있었음을 알 수 있다.

면암이 옥중 순국하자, 일제는 이를 중대사건으로 인식하고 매우 큰 비중을 두고 사후 처리에 신중을 기하였다. 그리하여 면암의 서거 사실과 사후 수습 방안이 육군대신을 경유해 내각총리대신에게까지 보고되었다.

국사범國事犯으로 대마도에 감금 중이던 한국인 최익현은 앞서 병에 걸려

본월(1월) 1일 오전 3시에 사망하였다는 보고가 있었음. 유해는 함께 현지에 있던 그의 아들의 청구에 의해 인도하고 매장비는 실비 지급하는 방안을 명하였는 바 중간 보고함.

위의 정황으로 미루어 면암의 순국과 관련해 대마경비보병대대에서는 수차에 걸쳐 상급기관에 상황의 추이와 그 조처과정을 보고하였음을 짐작할 수 있다. 곧 시신은 유가족에게 인도하고, 장례비는 실비 지급하도록 조처했다는 것이다.

면암이 서거하자, 감금소의 의병들은 임병찬을 주축으로 시신을 고국으로 운구하고 임시 장례를 치르기 위해 준비에 들어갔다. 장례의 실무 최고 책임자인 도집례都執禮는 임병찬이 맡았으며, 그 아래 부집례副執禮에 이식, 사서司書에 문석환, 사화司貨에 신현두, 호상護喪에 노병희魯炳憙 등으로 직책을 분장하였다. 그 가운데 고창 출신의 노병희는 면암의 문인으로 의병에 동참했으며, 특히 한의학에 조예가 깊어 위중한 병세에 놓인 면암의 치료차 대마도에 들어와 체류하고 있던 인물이다. 그리고 당일 낮에 면암의 시신은 신현두와 안항식을 비롯해 신보균·남규진·이식 등에 의해 들것(담구擔具)에 실려 감금소 건물을 떠나 이웃한 위수병원衛戍病院 시실屍室로 운반되었다.

면암의 병세가 위중해지자, 그의 자질과 문인들은 임종시 그의 유해를 고국으로 운구하기 위해 관과 수의 등 일체의 상구喪具를 마련해 놓았다. 하지만 대마경비보병대대에서 이 상구를 사용하는 것을 허락지 않았다. 면암의 서거 사실을 상부에 보고한 대대 본부에서는 육군대신

대마도 슈젠지(修善寺)의 면암 추모비

으로부터 유족에게 시신을 인도할 것과 장례비용을 경비대에서 부담할 것 등에 대한 명령을 이미 받아 놓은 상황이었기 때문에 사적으로 상구를 마련하는 것을 허락할 수 없었던 것으로 보인다. 실제로 대대 본부에서 장례 경비로 200엔을 노병희에게 보내왔으나 수령을 거부하였다. 하지만 시신을 운구할 관은 고국에 돌아갈 때까지는 일본군에서 지급한 것을 임시로 사용하지 않을 수 없었다. 그리고 면암의 유해는, 유폐 의병들과 돈독한 관계를 가졌던 해로옥海老屋의 집에 임시 안치하기로 하였다.

순국 이튿날인 1월 2일 오후, 면암의 시신은 위수병원 시실을 나와 약속된 해로옥의 집에 당도하였다. 하지만 해로옥의 처는 면암의 시신을 들일 수 없다고 완강히 거절하였다. 이처럼 난처한 상황에서 해로옥의 아들과 주변 사람들의 주선으로 면암의 시신은 거의 저녁 무렵이 되어서야 이즈하라 시내에 있는 슈젠지修善寺에 안치하기에 이르렀다. 귀국 선편을 기다리면서 슈젠지에서는 2일간 머물렀다. 드디어 면암은 1월 4일(음력 11. 20) 저녁, 죽어서 귀국길에 올랐다. 슈젠지를 나온 면암의 시신이 이즈하라 부두를 떠날 때 노병희가 초혼招魂하며 앞에서 인도하였고 그 뒤로 많은 일본인들이 촛불을 들고 따르며 애도를 표했다고 한다.

약진환藥津丸이라는 선편으로 이즈하라 항구를 떠나 야간 항해 끝에 이튿날(5일) 아침에 부산 초량 앞바다에 당도하였다. 1906년 8월 27일 부산 초량 항구를 떠난 지 132일(4개월 9일)만에 시신으로 환국하게 된 것이다.

이날 아침 일본 배로부터 우리나라 목선 삼판선三板船으로 관을 옮겼다. 상무사 사무장 김영규金永圭 등이 관을 옮길 때 했다는 다음 절규는 후일 우리의 가슴을 뭉클하게 한다.

이것은 대한의 배요, 여기는 대한의 땅입니다.
此大韓船也 此大韓地也

면암의 상여는 그의 자질과 문인을 비롯하여 1천여 명의 상무사원商務社員 등 수많은 애도 인파 속에 '춘추대의春秋大義 일월고충日月高忠'이라 쓴 큰 만장輓章을 앞세우고 상무사로 운구되었으며, 그곳에서 전제奠祭를 올렸다. 서울에서 내려온 최영설崔永卨·최만식崔萬植·최전구崔銓九·최봉소崔鳳韶와, 정산에서 온 최영복崔永福·곽한소郭漢紹 등을 비롯하여 고석진高石鎭·최제태崔濟泰·최제학崔濟學·최정상崔鼎相·임응철林應喆 등이 면암의 부음을 듣고 모인 대표적인 문인자질들이다.

    임시 빈소가 된 부산의 상무사 본부에는 '면암최선생호상소勉菴崔先生護喪所'라는 간판이 크게 걸렸다. 수많은 사람들이 주야로 전물奠物과 제문을 가지고 와서 통곡하였고, 남녀 학생, 심지어 8~9세 어린 학생에 이르기까지 와서 곡하지 않는 이가 없었다. 모두가 부모상을 당한 듯이 혹은 만사輓辭로, 혹은 연설로, 혹은 조가弔歌로 애도하면서 땅을 치고 발을 구르며 슬퍼하였다. 비봉飛鳳·옥도玉桃·월매月梅 등과 같은 기생도 우리말 제문을 지어 치전致奠하고 매우 슬프게 곡하였고, 범어사梵魚寺의 승려 봉련奉蓮도 승도들을 거느리고 길가에서 치전하였다.

    면암의 유해는 1월 7일 상무사 빈소를 발인發靷하여 정산 본가로 향하였다. 대여大轝·영거靈車와 짐꾼은 모두 상무사에서 전담하였다. 초량에서 구포까지 40리 구간을 이틀에 걸쳐 갔다. 이후 구포강을 건너 부산을 떠난 면암의 운구 행렬은 김해·창원·칠원·창녕·현풍·성주·김천·황간·영동·옥천·회덕·공주를 거쳐 1월 20일 비로소 정산 본가에 도착하였다.

    그동안 운구가 이르는 연도에는 수많은 인파가 상여를 뒤따랐고, 집집마다 흰 기를 꽂아 부녀들이 모두 곡하면서 맞이하였으며, 노상에서 치전하는 사람들도 끊이지 않았다. 운구 행렬이 지나는 곳마다 애도 인파가 몰리고 그만큼 민간의 항일의식이 고취하게 되자, 일제는 면암의

면암의 장례 기록화(독립기념관 소장)

운구를 간섭하면서 철저하게 감시하였다. 창원에서는 마산에서 출동한 일본군 10여 명이 애도 분위기를 차단하고자 유해를 기차로 운구할 것을 강요하기까지 했다. 일제의 간섭은 정산에 도착할 때까지 계속되어 연도에서 조상하고 치전하는 것조차 방해할 지경이었다.

그 뒤 면암의 유해는 5월 12일(음 4. 1) 사림장士林葬으로 친지·문인 등 3백여 명이 참여한 가운데 논산의 무동산舞童山(현 상월면 지경리 소재) 기슭에 안장되었다.

1910년 경술국치에 항거하여 자결 순국한 매천 황현은 면암을 기리는 애도의 물결과 민심의 동향을 다음과 같이 생생하게 기록해 놓았다. 일제 침략으로 국운이 풍전등화와 같던 시절, 그의 순국이 가져온 여파를 가히 짐작하게 하는 대목이다.

상여가 부산에 도착하자 상인들은 상점을 열지 않고 친척을 잃은 듯이 슬퍼하였다. 남녀노소를 막론하고 그들은 떠나는 배를 부여잡고 슬피 울므로 그 울음소리는 먼바다에까지 들렸다. 상인들은 그들의 상무사에 호상소護喪所를 마련하여 상여를 다시 만들고 그곳에서 하루 동안 머물고 있다가 출발하였다. 상여를 따르며 미친 듯이 통곡한 사람이 1천 명이나 되었고, 산승山僧·기생·걸인까지도 영전에 바칠 제물 광주리를 들고 인산인해를 이루었으며, 모인 만장을 말 두 필에 실었으나 종일 10리 밖에 가지 못하였다. 부음이 전해지자 사람들이 더욱 많이 모여들었다. 동래를 출발하던 날 상여가 거의 움직이지 못할 지경이었다. 일본인들은 무슨 변이 생길까 두려워 매우 엄중히 호위하면서 사람들이 모이지 못하도록 하였지만 끝내 해산시킬 수 없었다. 상주에 도착한 후에는 일본인들이 괴롭혀서 상여차를 버리고 기차에 영구를 실어 순식간에 그의 고향 집에 도착하였다. 그러나 상주 아래 3백 리 길에 이미 10일이나 소요되었다. 시골마다 애통해하는 통곡소리가 온 나라에 울려 퍼졌다. 이때 사대부로부터 아동주졸에 이르기까지 모두 눈물을 흘리며 서로 조문하기를, "최면암이 죽었다"고 하면서 슬퍼하였다. 국조國朝 이래 죽은 사람을 위하여 이렇게 슬피 우는 것은 처음 있는 일이었다.

일제의 침략이 극도에 달하던 무렵, 항일투쟁의 화신과도 같던 면암의 순국은 한인들이 느꼈던 수치심과 역사적 책임감이 서로 함께 교차하면서 이처럼 커다란 반향을 불러일으켰던 것이다.

가슴 아프게도 얼마 뒤 그의 묘소가 이장된 것도 면암의 항일정서를 차단하기 위한 일제의 의도적 간섭의 결과였다. 처음 안장된 무동산의 면암 묘소는 논산과 공주 간 대로변에 있었다. 교통이 편리했으므로 그만큼 지나는 행인들의 참배가 끊이질 않았다. 장례를 치른 지 1년 반이 지난 1908년 9월이 지난 시점에서도 면암의 묘소를 찾는 사람들의 발길은 계속 이어지고 있었다. 매천 황현이 그 무렵 면암의 묘소를 참배하고 남긴 기록에서 참배인 명단인 조객록弔客錄이 4책이나 되었다고 한 사실이 그러한 정황을 그대로 말해주고 있다. 일제가 면암의 묘를 당시 교통이 불편했던 오지인 예산군 광시로 이장토록 강요했던 것은 이처럼 면암으로 인해 고조되던 항일정서를 미연에 차단하고자 한 때문이었다. 이에 면암의 묘소는 1909년 말(음) 예산군 광시의 한적한 곳으

면암의 묘소(예산군 광시)

로 이장되어 오늘에 이르고 있다.

　사후 면암에 대한 추모 열기는 당시 언론이 주도하였다고 해도 과언이 아니었다. 『황성신문』 1907년 1월 14일자 논설에 「조고찬정최익현씨弔故贊政崔益鉉氏」라는 제하에 그의 순국 사실을 알리며 "십수 년 후 의병 수괴로 일헌병부에 압수押囚한 최익현씨가 십수 년 전 지부복궐持斧伏闕하던 최익현씨요. 70년 후 고국혼故國魂으로 일본 대마도에 신고身故한 최익현씨가 70년 임하독서林下讀書한 최익현씨니 젊어서도 최익현씨며 늙어서도 또한 최익현씨요, 살아서도 최익현씨며 죽어서도 또한 최익현씨로다"라고 추모하였다. 『대한매일신보』에서도 「우리 동방의 부자 면암 최선생」이라 찬양하였고, 그 뒤에도 수차에 걸쳐 「곡哭면암최선생문」,

「최면암 소본疏本」, 「제祭면암최선생문」 등 면암을 추모하는 글을 연이어 게재하였다.

면암 순국 후 그의 문인들과 각처의 지사들에 의해 그를 추모하기 위한 사당 등 기념물이 전국 각지에 들어섰다. 면암을 장사지낸 직후, 태인의 선비 김직술金直述·유종규柳種奎 등이 의병을 일으킨 고장이라는 명분으로 발의하여 무성서원 부근에다 '태산사泰山祠'를 세우고 진영眞影을 모셨다. 그리고 면암이 난 포천의 가채리에는 채산사茝山祀를 세웠다. 그 이듬해에는 면암의 문집이 1차로 간행되었으며, 1909년에는 최치원 등을 배향한 옥구의 삼현단三賢壇에 면암이 추배追配되었다. 정산·곡성·함평 등지에도 그의 위패를 모신 사당이 건립되어 면암의 애국충혼을 기렸다. 그 밖에도 해주의 화서 이항로의 영당影堂에도 배향되었으며, 문집도 간행되었다. 이와 같이 면암 사후에 그를 추모하는 열기가 전국 각지로 확산되어 갔으며, 그에 따라 항일의 의기도 파급되어 갔다. 특히 호남지방의 항일투쟁에 미친 면암의 영향은 대단히 컸으며, 이런 점에서 면암을 호남 항일의 연원이라고 해도 과언이 아닐 것이다. 창평의 명망가문 출신인 고광순을 비롯하여 강재천·백낙구·양한규 등 호남지방 발군의 의병장 등 무수한 대소 의병들이 면암의 거의와 순국에 직·간접으로 영향을 받아 항일전에 동참하였다. 이와 같이 면암의 의병 봉기는 호남지방의 의병 확산에 커다란 영향을 주었을 뿐만 아니라 전국적으로 의병전쟁을 고조시키는 데 크게 기여했다는 점에서 역사적 의의가 매우 큰 것이다.

08 역사에 남긴 면암의 유훈

면암 최익현은 역사의 전면에 세 번 우뚝 섰다. 사후에 그의 이름은 대한 선비의 사표로, 또 항일투쟁의 선구로 더욱 널리 고양되었다. 국가와 민족이 위난에 처할 때마다 면암의 올곧은 성품과 고고한 기상이 빛을 더욱 발하게 된 것은 결코 우연이 아니다. 면암은 유훈遺訓을 짙게 드리운 역사의 위인이었다.

흥선대원군 탄핵의 선봉으로 면암은 역사의 전면에 처음 부상浮上되었다. 일개 관인으로 한사寒士에 불과하던 면암이 1873년 41살의 나이로 10년 세도의 철옹성과 같은 대원군의 절대 권위에 정면으로 도전한 것이었다. 당시 대원군이 집정한 세태는 절대 권력이 장기화하는 과정에서 정권 담당자들이나 권세가들의 도덕·윤리적 가치규범이 무너지고 나아가 대규모 토목공사와 민폐가 자행되면서 무엇보다 소중한 백성의 삶이 근본적으로 위협받는, 곧 주자학적 도덕, 윤리적 가치규범이 심각하게 훼손되는 상황에 있었다. 누구보다 주자학적 가치규범에 체인體認되어 있던 면암으로서는 절대 간과할 수 없는, 또 외면할 수도 없는 당면 급선무의 해결과제가 주어진 셈이었다. 결국 그는 자신의 도덕적, 철학적 신념을 정치적 행위로 결단하고 조금도 망설이지 않고, 거대 세력에 의한 어떠한 훼방과 제약에도 굴하지 않고 대원군 탄핵의 외길로 매진하였다. 대원군 탄핵은 면암에겐 목숨이 담보된 모험이었다. 배후에 여러 가지 정치적 이해·역학관계가 작용했을지라도, 그것은 자신의 목숨을 담보로 하지 않을 수 없었던 칼날 같은 결단의 소산이었다. 대원군 탄핵을 역사의 소임으로 자임하면서 오직 신념에 따라 이를 결행한 것이다. 그는 이렇게 역사의 전면에 처음으로 섰다.

면암은 1876년 개항 때 다시 한 번 역사의 전면에 두각을 나타냈다. 1866년 병인양요 이래 '서양 오랑캐洋夷'의 침범으로 '고요한 아침의 나라' 조선은 유사 이래 대외위기의식이 최고 수위에 이르게 되었다. 서양 오랑캐, 즉 양이는 조선사회 주자학 일존주의一尊主義의 관점에서 볼 때 너무나도 이질적인 집단이었다. 나아가 공포와 두려움의 대상이기도 했다. 천주교를 수반한 양이는 '군사부일체'를 금과옥조로 여기던 조선사회의 통념상 '애비도 모르고 임금도 모르는無父無君', 일종의 짐승과 같은 집단으로 간주되던 분위기였기 때문이다. 병인양요와 신미양요를 거치면서 서양 제국주의 세력이 조선을 침범하던 상황은 마치 영화의 한 장면과 같이 조선 전토를 짐승이 지배하게 되는 무시무시한 세상으로 상정됨으로써, 일반 백성은 자연 극단적 공포와 위기감에 휩싸이게 되었다. 그런데 이처럼 짐승과 다름없던 양이와 동일한 속성을 지닌 것이 바로 왜倭, 즉 일제로 간주되었다. 이것이 이른바 '왜양일체론'으로 1876년 개항 무렵 백성들의 일반적 정서였다. 여러 가지 이유와 배경이 설정

될 수 있겠지만, 일제와의 개항을 완강하게 반대하던 압도적 국론의 기저가 되는 이유가 바로 여기에 있었다. 주자학적 도덕·윤리에 따른 유교적 이상사회를 꿈꾸었던 면암으로서는 일제와의 개항 곧 '화친'을 결코 용납할 수 없었다. 목숨을 담보로 하는 도끼를 멘 채 개항 절대 반대를 절규하는 상소를 올릴 수밖에 없었던 까닭도 여기에 있었다. 나아가 그의 반대 주장 – 상소는, 개항이 가져올 도덕·물질의 황폐화를 상정한 채 두려움에 떨며 이를 극렬하게 반대하던 압도적 국론을 통렬하게 대변한 셈이었다. 일제침략에 당면한 나라와 민족의 폐해를 온 몸으로 대변한 당대 국론의 대변자였기에 그는 조야의 중망을 한 몸에 받지 않을 수 없었다. 국청 후 흑산도로 행하는 연도에 수많은 도성민이 그를 환호하고 위안해 주는 광경이 그 생생한 증좌라 할 수 있다. 이렇게 면암은 역사의 전면에 두 번째 섰다.

면암이 마지막으로 역사의 전면을 장식한 것은 1906년 거의擧義와 순국이었다. 1876년 두 번째 부상 이후 무려 20년이 지난 뒤였다. 주지하다시피, 러일전쟁 승리의 여세를 몰아 1905년 11월 일제의 강포한 수단에 의해 늑결된 을사조약은 그 속성이 망국에 있었다. 조약에 찬동한 매국적을 개·돼지로 타매唾罵한 『황성신문』의 유명한 논설 「시일야방성대곡是日也放聲大哭」이 오늘까지도 인구에 널리 회자되는 것은 이 논설 한 편이 우리 민족이 처한 비극적, 참담한 현실을 극명하게 대변해 주었기 때문이다. 면암이 자신의 이성적 의지에 따라 의로운 죽음을 선택한 것은 이와 같은 절망적 위기상황에서 새로운 역사의 전도를 타개하기 위한 고뇌에 찬 결단의 소산이었다. 곧 면암이 최후로 귀착한 것은 역시 목숨을 담보한 의병이었다. 과격하게 표현하자면 당시로서는 '산송장'과 다름없던 74세의 노구를 이끌고 항일전선에 투신했던 것이다. 조야의 중망을 한 몸에 받고 있던 면암이었기에 그의 일거수일투족은 일반 국론의 향배에 지대한 영향을 미쳤다. 면암의 의병 투신이 갖는 역사성은 여기에 있다. 나아가 그는 적국 대마도 유폐지에서 지극히 이성적인 자신의 의지에 따라 의로운 죽음, 순국을 맞이하였다. 유해가 되어 환국한 그의 장례 만장에 드높게 내걸린 '춘추대의春秋大義 일월고충日月高忠' 여덟 자 구절은 면암을 천고에 빛나는 역사의 위인으로 부상시키고 또 형상화하는 데 진실로 적확的確한 표현이었다. 대한의 의기義氣를 밀폐시켜 차단하려 했던 이토 히로부미의 대마도 유폐정책은 도덕과 인륜에 따른 의리와 명분을 목숨처럼 여겼던 대한 선비의 고귀한 속성을 제대로 이해하지 못하고 절대 과소평가한 패착敗着이었다. 대한 선비 면암은 일제의 무도와 불의에 죽음으로 항거했고, 사후 그의 충혼은 거꾸로 더욱 한민족의 가슴 깊숙이 파고들어 삼천리 전토에 추모와 애도의 물결로 넘쳐나게 만들었던 것이다. 이렇게 면암은 죽음을 담보로 역사의 전면에 마지막으로 섰다.

이로써 면암이 역사에 남긴 형상은 참으로 강렬하게 우리 가슴에 깊이 각인되었다. 하지만, 위의 세 가지 사건 외에 대한 선비 면암의 진면목이 여실히 드러난 장면은 1905년 상소투쟁 때였다. 정부의 무능과 일제침략이 혼재된 총체적 난국을 타개하고자 단신으로 상경한 면암은 고종을 독대한 음력 섣달 이래 이듬해 봄에까지 수개월 동안 서울에 머물며 집요한 상소투쟁을 펼쳤던 것이다. 팔순을 바라보는 노구로 음력 섣달 매서운 추위에도 아랑곳 않고 포덕문佈德門 밖 향축과香祝課의 차디찬 방에서 외로이 대명待命하던, 설 대명절을 외지에서 단신으로 외로이 보내던 그 처절한 광경이 마치 눈앞에 그려지는 듯하다. 다섯 번에 걸친 상소의 마디마디는 한결같이 비수처럼 날카로웠고, 펴고 있는 주장은 민족자존과 국가권위를 수호하기 위한 일념으로 일관되어 있었다. 러일전쟁을 일으킨 일제의 강포한 무력이 삼천리 전토를 휩쓸던 시절, 면암은 여기에 조금도 굴하지 않고 고고한 형세하에 처절하게 상소투쟁을 벌였던 것이다. 물론 그의 투쟁은 일제 침략세력이 두텁게 포진한 친일 정국상황에서는 당장 아무런 실효를 거둘 수는 없었다. 하지만 그의 투쟁은 언론의 주목을 한 몸에 받았고, 그만큼 일반 민중의 항일민족의식을 깊숙이 일깨우는 데 크게 기여했을 것임에 의심치 않는다.

　면암의 일생을 돌이켜 보면, 결국 그는 형극의 길을 걸은 셈이었다. 고매한 학문의 교양자로, 또 과거급제 출사자로서 안락한 삶을 일생동안 영위할 수 있는 조건을 갖추고 있었지만, 그는 이를 초개처럼 여겼고, 오직 지조와 신념에 따라 평생을 살았다. 제주도 위리안치, 절해고도 흑산도 유배, 두 번에 걸친 일본헌병대 구금, 대마도 영어囹圄 등이 대한 선비 면암에게 현실적으로 주어진 역사의 신고辛苦였다.

　난국 때마다 면암이 역사의 전면에 부상되고 또 간고한 삶에도 의연히 올곧게 처신할 수 있었던 것은 스승 화서 이항로의 문하에서 익힌 도학이 내재되어 있었기 때문이었다. 곧 면암은 출사出仕한 관인의 신분이기도 했지만, 그 바탕은 정통 주자학을 공부한 도학자인 선비였다. 철저하게 주리적 관점을 견지했던 화서의 학문과 사상 요체는 춘추대의적 의리와 명분에 입각한 존화양이론尊華攘夷論이었다. 조선의 전통문화에 대해 최고의 가치를 부여하는 소중화小中華 의식에 철저히 경도되어 있던 대표적 문파가 화서학파였던 것이다. 면암을 필두로 유인석·이소응·박은식·박장호·이진룡·김구에 이르기까지 이 문파의 성원들이 일제침략으로 야기된 국가·민족의 위기상황을 타개하기 위해 항일투쟁의 선봉에 대거 투신하게 되는 것은 결코 우연이 아니었다.

극단적 주리론에 따른 화서의 학문과 사상은 면암에게 온전하게 전수되어 일생 처신의 엄정한 준거로 작용하였다. 그 결과 춘추대의적 의리와 명분이라는 잣대에 한 치라도 벗어나는 처신은 무엇보다 그 자신에게 용납될 수 없었다. 면암이 지닌 학문과 사상은 이처럼 주자학의 보수적 관념에 머물러 있었지만, 그 속성은 실로 놀랍게도 인류 보편의 가치를 철저하게 지향하고 있었다. 그가 금과옥조로 여겼던 의리와 명분, 그리고 도의 등은 유생들의 언필칭 고루한 문자로 보이지만, 그 문자들의 참뜻을 궁구窮究하여 현대어로 환치하면 전 인류가 공동으로 지향하는 절대가치인 정의와 자유, 그리고 평화에 합치되는 것이다. 면암이 일제를 질타할 때마다 그 기저에 깔고 있던 주장과 논지를 보면, 일제는 군국주의를 지향한 결과 인간의 참된 모습의 전제가 되는 '도의'를 상실했다는 것이었다. 진정한 도덕성의 회복이야말로 일본이 참된 인간성을 회복하는 유일한 길임을 깊이 통찰하고 이를 충고한 셈이었다. 조선 주자학의 말류로서 면암이 지녔던 학문과 사상은 의병에서 발원하는 독립운동의 원동력으로 작용하였다. 그러한 경향성으로 말미암아 한국의 독립운동이 우리 민족의 특수한 이익만을 추구한 것이 아니라, 우리 민족의 독립과 함께 인류 보편의 가치인 자유와 정의를 동시에 지향할 수 있게 되었던 것이다. 한국독립운동사가 지닌 세계사적 가치·의미가 바로 여기에 있다.

선비인 동시에 면암은 독립운동의 연원으로서 그 전도前途를 제시한 최고 원로이기도 하였다. 면암이 조선조 5백 년 역사와 전통이 자신을 배양한 것으로 인식하고 있었던 것은 그 자신이 곧 우리의 고귀한 역사·문화의 적통嫡統을 승계한 상징적 인물임을 자부한 결과이기도 했다. 그러므로 일반 인민의 절대적 지지와 위망威望은 결코 사인私人이 아닌 역사적 인물로서의 면암을 향한 것이었다. 면암의 역사적 위상이 그러하였기에, 순국으로 귀결된 그의 항일전선 투신은 전 민족에게 장차 항일독립투쟁에 매진할 것을 선도하고 호소하는 역사의 한 장면이었다. 구국의 성전聖戰으로 민력民力을 발동한 의병전쟁의 단계는 물론이려니와, 암흑과도 같았던 민족 수난기에 국내외 각지에서 계보와 이념을 초월하여 면암의 구국충혼을 연호連呼했던 무수한 독립운동 지도자들과 그들이 남긴 문자가 곧 면암이 역사에 짙게 드리운 유훈을 생생하게 실증하고 있다. 면암은 곧 대한 선비의 표상이었다.

최익현의 삶과 자취

*1895년 11월 17일 이전 음력, 이후 양력 표기함.

1833   포천군 내북면 가채리에서 시골 선비 최대崔岱와 어머니 경주이씨 사이에서 출생(12.5)

1836   충주시 목계를 거쳐 단양 금수산으로 이사

1841   가형 승현升鉉과 함께 김기현金琦鉉 문하에서 수학

1843   양평 후곡으로 이사한 뒤 화서 이항로 문하에 나감

        화서가 낙경민직洛敬閩直 휘호와 면암勉菴이란 호를 내리며 학문 독려

1852   용진강(북한강) 기슭으로 일시 이사

        청주한씨와 혼례

1853   면암의 후견인이던 화서의 장자 괴원 이준 서거

        후곡으로 다시 이사

1854   고향 포천 가채리로 돌아와 정착

1855   춘도기 명경과에 합격(2월). 홍천 삼포에 유거해 있던 스승 화서 배알(5월). 권지승문원부정자(6월)

1856   성균관전적

1857   선조의 후궁 인빈김씨의 무덤인 순강원順康園의 수봉관守奉官이 됨

1859   사헌부지평. 사간원정언. 맏아들 영조永祚 출생(9월)

1860   서울 남촌南村으로 이사. 이조정랑(6월)

1862   신창현감新昌縣監(10월)

1863	충청감사의 미움을 사 신창현감 사직함(7월)
1864	성균관전적(2월). 예조좌랑(4월)
1865	성균관직강
1866	사헌부지평(4월). 모친상을 당해(5월) 포천으로 퇴거해 삼년상을 치름. 프랑스군의 강화도 침공으로 병인양요 발발(9월). 화서 이항로 상경 3회 상소(「사동부승지겸진소회소辭同副承旨兼陳所懷疏」, 「사공조참판소辭工曹參判疏」, 「사동의금소辭同義禁疏」)로 주전척화 역설(9~10월). 동문선배인 양헌수梁憲洙의 지휘로 정족산성전투에서 승리함(10.1)
1868	계부季父 최숭崔崇 작고(1월). 전년에 출생한 아들 요절, 스승 화서 이항로 서거(이상 3월). 모친상 3년 탈상(8월). 사헌부 장령. 토목공사 중지 등 4개조의 시폐時弊를 진술한 상소(10월)를 올려 '아침볕에 봉황이 울었다'는 뜻의 '봉명조양鳳鳴朝陽' 칭예를 받음. 통정대부로 승진하고 돈녕부도정敦寧府都正에 제수됨
1871	신미양요 발발. 대곡大谷(홍천군 서면)에 있던 동문선배 김평묵 방문(겨울)
1873	승정원동부승지를 사직하면서 대원군 탄핵 상소함(1차). 호조참판 제수(이상 10월). 대원군 탄핵 2차 상소(11.3). 대원군 하야 후 제주도 위리안치 처분을 받음(11.10)
1875	제주도 위리안치 해제(3.16)
1876	개항 반대하여 도끼를 메고 상소(「지부상소持斧上疏」)(1.22). 흑산도 위리안치 처분(1.25). 정심사의 화승畵僧 인찰寅札·춘담春潭이 면암의 초상화를 그림
1878	흑산도 유배지 암벽에 '기봉강산箕封江山 홍무일월洪武日月' 8자 및 '지장암指掌嵒' 3자 각자(3월)
1879	흑산도 위리안치 해제(2.8). 장성의 노사 기정진 배알(3월). 후일 노사

	신도비문 지음(1901)
1881	김홍집의 『조선책략』 반입사건을 계기로 신사척사운동이 전개됨. 「관동유소」를 올린 동문 홍재학 순절, 중암 김평묵 지도 유배
1882	임오군란 발발(6월)
1884	갑신정변 발발(10월)
1887	부친 작고(5월), 1889년 8월 탈상
1888	화서학파내 심설논쟁 중재 조정. 성재·중암 양인간에 「심설정안心說正案」 8조 합의(10월)
1891	중암 김평묵 서거(12월)
1894	동학농민전쟁 발발. 일본군이 경복궁을 무단 점거하는 갑오변란 발생(6.21). 청일전쟁 발발(6.23). 공조판서(7월)
1895	을미사변으로 민왕후 시해됨(8.20). 단발령 공포(11. 15)
1896	포천향교에서 유생 50명을 규합해 의병을 일으키려 했으나 그침(1.4). 동문의 유인석과 이소응이 각각 제천의병과 춘천의병을 일으킴. 단발 거부로 유기일과 함께 서울로 압송됨(1.17). 아관파천, 면암 석방(2.11). 의병 해산의 임무를 띤 선유대원宣諭大員에 임명(2.20)되었으나 사직함
1897	대한제국 선포(10.12)
1898	의정부찬정(10월). 궁내부특진관(11월)
1900	포천 동향의 동문 후배인 용계龍西 유기일柳基一이 성재에 대해 비난해 온 것을 배사背師 문제로 비판함(1월). 정산 이사(음력 4월), 면암은 호서·영남 유람 후 정산 도착(음력 8월). 정산 구동정사龜洞精舍에서 강회 개최(음력 10월)
1901	연재 송병선이 개최한 임피 낙영당樂英堂(현 군산시 성산면 고봉산 기슭 소재) 강회에 참석(음력 4월)

1902	함양·진주·합천·하동 등지를 유람하고 지리산 천왕봉 등정
1904	궁내부특진관, 의정부찬정에 연이어 임명되었으나 사직함(8월). 정산 향교에서 유생들과 함께 향음례鄕飮禮 거행(가을)
1905	정산군수 채용신蔡龍臣이 면암의 화상 두 벌을 그림. 수옥헌漱玉軒(경운궁 중명전)에서 고종을 만나 5개 조 차자를 올림(1.7). 내정개혁, 일제 배척을 요구한 1차 상소(1.13). 2차 상소. 일제 차관 도입 비난(1.29). 3차 상소(2월). 경기도관찰사 제수. 사직상소(4차)(2.17). 상소투쟁으로 인해 한국주차헌병대에 끌려가 1차 구금(3.11) 후 포천 추방당함(3.13). 서강에 올라와 5차 상소(3.22). 일제 헌병대에 2차 구금(3.23) 후 석방(3.25). 을사조약 파기를 요구하는 상소를 올림(11월). 을사5적 처단을 요구하는 「청토오적소請討五賊疏」 올림(12월)
1906	노성 궐리사闕里祠 강회 개최 후 구국투쟁을 결의한 「노성궐리사강회시서고조약魯城闕里祠講會時誓告條約」 작성(1월). 담양 용추사龍湫寺에서 송사 기우만과 강회 개최(5.30) 후 의병 동참을 촉구하는 격문과 연명부인 「동맹록」 작성. 태인 무성서원에서 의병을 일으킴(4일). 정읍을 거쳐 순창으로 진격. 전주·남원 진위대의 공격(11일)으로 의진 와해, 면암 이하 13의사 피체(12일). 일제 한국주차군사령부에서 대마도 3년 유폐형을 받음(8.14). 대마도 이즈하라 항구 도착, 대마경비보병대대 감시하에 유폐됨. 먼저 끌려와 있던 홍주9의사와 합류(8.28)
1907	대마도 감옥에서 향년 74세로 순국(1. 1. 인시; 3시). 부산 초량에 유해로 환국(1.5). 사림장士林葬 거행(5.12. 음 4.1). 논산 무동산舞童山 기슭에 안장. 후에 예산군 광시로 천장

참고문헌

자료

- 이항로, 『화서집』
- 임병찬, 『돈헌문집』
- 최익현, 『면암집』
- 최제학, 『습재실기』
- 황현, 『매천야록』, 국사편찬위원회, 1955.
- 문석환, 『마도일기』, 독립기념관 한국독립운동사연구소, 1997.
- 『면암선생사실기』(작자·연대 미상, 필사본, 독립기념관 소장)
- 독립운동사편찬위원회 편, 『독립운동사자료집』 2, 1971.
- 『大韓每日申報』, 『皇城新聞』
- 「密第184號 韓國暴徒處刑ニ關スル件」(1906.8.16, 일본 방위성 방위연구소 소장)

저서

- 강재언, 『한국의 근대사상』, 한길사, 1985.
- 국방부 전사편찬위원회 편, 『의병항쟁사』, 1984.
- 금장태·고광직, 『유학근백년』, 박영사, 1984.
- 김의환, 『의병운동사』, 박영사, 1974.
- 김의환, 『항일의병장열전』, 정음사, 1975.
- 노인숙, 『면암 최익현 한시 연구』, 국학자료원, 2002.
- 독립운동사편찬위원회 편, 『독립운동사』 1, 1970.
- 박민영, 『대한제국기 의병 연구』, 한울, 1998.

- 박민영, 『한말 중기의병』, 독립기념관 한국독립운동사연구소, 2009.
- 박석무, 『역사의 의인들 – 역사의 땅 사상의 고향을 가다』, 한길사, 2010.
- 송용재, 『홍주의병실록』, 홍주의병유족회, 1986.
- 윤병석, 『한말 의병장 열전』, 독립기념관 한국독립운동사연구소, 1991.
- 한국근현대사학회 편, 『한국근대사강의』, 한울, 1997.
- 한국민족운동사연구회 편, 『의병전쟁연구 상』, 지식산업사, 1990.
- 홍영기, 『호남의병 연구』, 일조각, 2004.

논문

- 권인호, 「화서학파의 학문사상과 지역인물 연구」, 『인문학연구』 2, 대진대학교 인문학연구소, 2006.
- 금장태, 「면암 최익현의 성리설과 수양론」, 『대동문화연구』 34, 1999.
- 금장태, 「화서학파의 전개과정과 양상」, 『대동문화연구』 35, 성균관대 대동문화연구소, 1999.
- 김근호, 「김평묵과 유중교의 심설논쟁에 대한 소고」, 『한국사상사학』 27, 한국사상사학회, 2006.
- 김근호, 「화서학파의 형성과정과 사상적 특성」, 『국학연구』 15, 한국국학진흥원, 2009.
- 김근호, 「면암 최익현의 이학적 경세관」, 『태동고전연구』 27, 한림대 태동고전연구소, 2011.
- 김상기, 「호서지역 화서학파의 형성과 민족운동」, 『대동문화연구』 35, 1999.
- 김정진, 「창의순국」, 『사문논총』 1, 사문학회, 1973.
- 김호성, 「면암 최익현 연구 – 창의와 평가」, 『정치외교사논총』 14, 한국정치외교사학회, 1996.
- 박민영, 「화서학파의 형성과 위정척사운동」, 『한국근현대사연구』 10, 한국근현대사학회, 1999.
- 박민영, 「한말 의병 참여자의 국가의식 변화」, 『나라사랑 독립정신』, 국가보

훈처, 2005.
- 박민영, 「한말 대마도 피수 의병의 유폐생활」, 『한국독립운동사연구』 27, 독립기념관 한국독립운동사연구소, 2006.
- 박민영, 「한말 의병의 대마도 피수 경위에 관한 연구」, 『한국근현대사연구』 37, 한국근현대사학회, 2006.
- 박성순, 「면암 최익현의 심주리설 연구」, 『한국사학보』 27, 한국사학회, 2007.
- 박성순, 「화서학파의 성장과 중암 김평묵의 역할」, 『대동문화연구』 61, 성균관대 대동문화연구소, 2008.
- 송병기, 「신사척사운동 연구」, 『사학연구』 37, 단국대 사학회, 1983.
- 안국승, 「면암 최익현에 대한 고찰」, 『한북사학』 5, 한북사학회, 2009.
- 오석원, 「화서학파의 심설논쟁 연구」, 『도원유승국박사화갑기념 동방사상논고』, 1983.
- 오석원, 「화서학파의 의리사상」, 『대동문화연구』 35, 성균관대 대동문화연구소, 1999.
- 오석원, 「면암 최익현의 의리사상」, 『동양철학연구』 31, 동양철학연구회, 2002.
- 오영섭, 「갑오경장–독립협회기 면암 최익현의 상소운동」, 『한국민족운동사연구』 18, 한국민족운동사연구회, 1998.
- 윤병석, 「면암 최익현의 위정척사론과 호남의병」, 『한민족독립운동사논총』, 수촌박영석교수화갑기념논총간행위원회, 1992.
- 이이화, 「한말 유생층의 현실인식과 의병투쟁–최익현의 사상과 정치활동을 중심으로」, 『국사관논총』 15, 국사편찬위원회, 1990.
- 이진표, 「면암 최익현의 위정척사론」, 『진산한기두박사화갑기념 한국종교사상의 재조명(하)』, 1993.
- 이희재, 「면암 최익현의 예학」, 『동방사상과 문화』 2, 동방사상문화학회, 2008.

- 정만호, 「면암 최익현가의 고문서 고찰」, 『충청문화연구』 4, 충남대 충청문화연구소, 2010.
- 최근묵, 「면암 최익현의 의병운동」, 『백제연구』 14, 충남대 백제연구소, 1983.
- 홍순창, 「면암 최익현의 위정척사론에 대하여」, 『대구사학』 1, 대구사학회, 1969.
- 홍순창, 「면암 최익현의 생애와 사상」, 『하정서정덕교수화갑기념학술논총』, 1970.

찾아보기

ㄱ

가와무라 199
가토 마사노리 178
감금소 193, 196, 199, 200, 205
갑술옥사 52
갑신정변 87, 100, 170
갑오경장 97, 99, 170
갑오변란 97, 117, 118
강기석 62
강로 45, 55, 57
강릉의병 106
『강목집요』 39
강영덕 48
강재천 213
강종회 172, 174
강화도조약 66, 67, 170
개화정책 85
개화파 84
고광순 213
고무라 주타로 138
고석진 156, 167, 172, 179, 186, 208
고지마 178
곽종석 153
곽한소 127, 208
곽한일 154, 155

「관동유소」 86
구동정사 124
구로다 기요타카 67, 73
구암사 172, 174
국채보상운동 133
군국기무처 97
군자금 123
권상하 51
권숙 51
권종록 33, 34
궐림서원 63
기병작전 27
기우만 157
「기일본정부서」 168
기정진 65, 80, 127
기해사옥 25
기호학파 14
김가진 117
김갑술 172, 174
김개남 156
김건수 51
김구현 75
김기술 174, 180
김기현 12, 13
김만식 75
김병국 75

김병로　164
김병시　105
김병학　39, 75
김복한　125
김봉학　147
김상헌　147
김세균　46, 58
김송현　157, 174
김수근　51
김시민　128
김양수　62
김영규　207
김영찬　174
김용징　62
김우섭　157
김윤식　117
김윤환　75
김의현　77
김재구　172, 174
김재현　43
김정희　39, 62
김좌근　39
김직술　213
김치용　62
김평묵　15, 17, 35, 61, 84~86, 88, 95
김하락　106
김학진　140, 141, 152
김형배　62
김홍집　84, 97, 109, 111, 113, 117
김효환　62
김훈　62, 79
김희정　62, 63

ㄴ

나기덕　180
낙경민직　15, 16
낙영당　124, 126
남경조약　36
남계서원　127
남규진　154, 155
남원진위대　178
남정철　134
납세 거부투쟁　152
낭산서당　124
노병희　205, 206
노응규　152

ㄷ

다카야마　140
단발령　102~104, 106, 108, 109, 113
당백전　31, 52
대마도 유폐계획　187
대원군　38~41, 43, 44, 50, 51, 54, 55, 57, 67, 124
『대전회통』　47
데라우치 마사타케　187, 193
도산서원　123
독립협회　116
「동맹록」　164, 167
동학농민전쟁　97, 157, 160

ㄹ

러일전쟁　128, 138, 145

로즈　26, 27
리델　26

ㅁ

만민공동회　116
매궤환주　16
『매천야록』　102
맹문호　62
메가다　199
메이지유신　37
『면암선생사실기』　71, 155
면암최선생호상소　208
명경과　20
명덕주리설　89
목내선　52
무성서원　65, 145, 161, 167, 213
문달환　180
문산서당　124
문석환　193, 205
「미부소」　86
미우라 고로　101
민경혁　38
민규호　55
민영규　161
민영환　147
민종식　151, 154, 185
민치구　38
민치록　38
민회　137

ㅂ

박경수　17, 56, 60, 75
박규수　39, 55, 58, 75
박문일　15
박영세　108
박영효　101, 117
박용대　58
박정현　79
박해량　62, 76, 77, 80
『반고내이견』　196
반일의식　104
배응천　157
백낙구　213
백낙정　58
백양사　174
「백운강설」　93
범상부도　55
범어사　208
베르뇌　25
벨로네　26
변복령　98, 99, 101, 102, 109, 113
병인사옥　25
병인양요　24, 28, 29, 33, 40
병자수호조약　73
병자호란　72
봉련　208
봉명조약　33
북경조약　36
비봉　208

231

ㅅ

사대문세 31, 32
사무사 119
사액서원 41
사이온지 긴모지 189
삼국간섭 102
상무사 208, 210
상소투쟁 85, 86, 134, 138, 152
서고문 118
서광범 101
서당보 46, 58
서상렬 93
서상정 46
「서시동문제공」 89
서악서원 124
서용수 163
서원철폐 50
서정순 75
서찬규 124
성균관 19
세도정치 37
소에지마 199, 203
소일본 117
소중화 117
손병호 168
손종궁 172, 174
송근수 127
송내희 51
송민영 92, 93
송병선 125, 127, 153~155
송시열 14, 30, 51, 62, 124
송윤성 174
송종면 171
송진옥 174
쇄국양이 25, 40
수구파 84
수금소 197, 198
수렴청정 38, 54
수신사 84
슈젠지 207
「시동문제공첩」 91
시마오 소우스케 191, 192
시무 12조 115
시무개혁 41
신기선 114
신미양요 35, 40
신보균 193, 196
신석구 75
신안정사 127
신유사옥 25
신인구 174
신태진 126
신헌 39, 67, 73
신현두 205
신협 126
실학파 39
심설논쟁 87, 89, 92, 93, 120
「심설정안」 93
심설조보론 90
심승택 58
심의면 40
쌍계사 128
쓰루하라 176

ㅇ

아관파천　109~111, 114, 150
아라비 파샤　188
아사다 신코　191, 199
아편전쟁　36
안경수　117
안기영　46, 48
안달삼　62, 65
안병찬　190
안석로　190
안진환　62
안항식　205
애로호 사건　36
양경환　122
양물금단론　28
양윤숙　163, 172
양재해　180, 186
『양전편고』　39
양주석　51
양한규　213
양헌수　27, 43, 56, 58, 61, 83
어윤중　117
엄덕조　174
여씨향약　118
영남만인소　85
『오례신편』　47
소붕성　145
오인영　75
오희상　91
옥도　208
올리비에　27
완물상지　16

왕정복고　37
왜양일체론　74
용산서원　124
용추사　166, 167
『우암집』　62
우옹적려비　62
우치노쿠모　196
운주당　63
원납전　49, 50
월매　208
위리안치　74
위수병원　205, 206
위정척사운동　15, 28, 29
유기영　85
유기일　86, 93, 94, 108, 120
유길준　101, 104, 105, 109, 111, 117, 140
유석　58
유예근　163
유의석　123
유인석　71, 92, 93, 98, 106, 154
유장환　22
유종규　174, 213
유준근　190, 193, 199
유중교　15, 17, 71, 88
유중식　122
유중악　71, 92, 122
유진원　61
유치경　93
유태근　190
유해용　180
유홍근　190
윤기복　62

윤석봉 125	이석용 126
윤자승 58	이성렬 152
은사금 125	이소응 92
을미사변 102, 106	이승규 192
을미의병 106	이승렬 118
을사오적 147	이승보 48
을사의병 150	이승조 122
을사조약 125, 145, 147, 149, 150, 165, 166, 176, 189	이시모토 신로쿠 204
	이시현 63
의병전쟁 150, 154	이식 199, 205
이건용 172, 174	이양호 154~156
이건표 48	이언적 124
이경하 27	이완발 181
이관수 86	이용길 174, 180
이교식 48	이용원 75, 125, 152
이규진 109	이용희 27
이근원 92, 93, 122	이우신 13
이남규 152	이원일 86
이덕형 18	이유선 86
이도순 174	이유원 55, 75
이도재 105, 114, 152, 178	이이 14, 118
이동주 174	이인구 15, 17
이등박문 162, 170	이인응 46
이리단심 89	이장우 122
이마쿠라사절단 37	이재경 75
이만도 75	이재만 51
이만손 85	이재윤 157, 167
이범래 140	이정직 75
이복 17	이종건 114
이복희 62	이준 17, 19
이봉래 144	이천의병 106
이상두 199	이최응 75
이상철 147	이충호 123

이토 히로부미　187, 188, 191
이필세　62
이하영　139, 144
이하응　38
이항로　11, 28, 34, 44, 51, 213
이항복　18
이항선　157
이행규　85
이현일　51
이황　123
이후인　86
인찰　76
일본상품 불매운동　152
일진회　130, 131, 164, 170
임규직　15, 17
임병대　174
임병인　174
임병찬　153, 155, 156, 160, 163, 167, 174, 176, 179, 185, 186, 191~193, 196, 202, 203, 205
임상순　174
임오군란　86
임응철　208
임헌회　51, 61
임현주　180

ㅈ

자강개혁　116
자유민권　116
장곡천호도　162, 170
장박　109
장성의병　164

장제세　157
전기의병　150, 156, 164
전우　153
전주진위대　178
전해산　126
절화소　71
정극경　109
정병하　104, 105, 109, 111
정석중　79
정시해　174, 179
정심사　76
정여창　127, 128
정재규　128, 152
정해성　51
제1차 한일협약　133
제천의병　106
조객록　211
조두순　33, 39
조병세　147
조병호　134
조보　54
『조선책략』　84, 85
조성교　46
조성하　40
조식　128
조안국　157
조영선　180
조영하　40, 55
조우식　180
조우희　58
조일수호조규　73
조재학　145, 154~156
조종헌　77

조태채　126
조헌　68
조희연　105, 109, 111
존화양이　28
존화양이론　14, 72, 116
존화양이사상　15
주리주기론　90
『주자서』　62
주자학　39
주전척화　28, 67
중기의병　150
중화의식　78
지부복궐척화의소　67
진주의진　152

ㅊ

창렬사　128
채산사　213
채영찬　157, 172
채용신　145
척사윤음　85
천은사　128
천진조약　36
청일전쟁　96, 97, 102, 133, 150, 156
「청토오적소」　151
체두관　105
촉석루　128
최관현　75
최만식　139, 192, 208
최문달　79
최봉소　208
최숙민　128

최승현　62, 87
최암　87
최영복　208
최영설　108, 208
최영조　60, 79, 108, 145, 147, 190
최영직　86
최영호　77
「최영호입흑산도기」　77
최영환　62
최영희　144
최우서　192
최익현　15, 43
최전구　208
최정상　208
최정한　124
최정현　68, 107, 108
최제태　192, 208
최제학　153, 155, 163, 167, 174, 179, 186, 192, 208
최종달　174
최준　123
최치원　65, 79, 124, 127, 128
최학엽　163
최현식　123
춘담　76
춘추대의　14, 15, 44, 72, 119
친러정책　102
친일내각　102, 109, 113

ㅌ

타이산　193
탈아외교　37

태산사　213
태인의병　150, 151, 157, 167, 173, 174, 176~178, 183
태인의진　173
태평천국의 난　36
통감부　162, 176~178, 192

ㅍ

페리　37, 67
폐정리자금채　133
포츠머드 강화조약　145

ㅎ

하세가와　140, 141
하야시 곤스케　138~141, 144
하야시 다다스　176
한계원　45, 55, 57
한국주차군사령부　162
한규설　148
한용덕　123
한진창　159, 174, 178, 180, 183
한창리　123
한홍렬　85
한효순　52
향약소　164
향음례　129
허원식　46, 48
허위　140, 141
허진　106
홍건식　58
홍만식　147
홍순목　45, 57, 58, 75
홍시중　85
홍재구　71, 85, 92, 93
홍재학　84~86
홍주 9의사　183, 187, 189~192, 200
홍주의병　151, 186~188, 190, 193
화서문파　87
화서학파　13, 14, 23, 29, 71, 81, 86, 87, 93, 94, 119, 125, 154
화엄사　128
황균창　172
황재현　85
황종현　58
황준헌　84
황현　105, 210, 211
흑단령　98

대한 선비의 표상 **최익현**

1판 1쇄 발행 2012년 12월 30일
1판 2쇄 발행 2022년 9월 15일

글쓴이   박민영
기 획   독립기념관 한국독립운동사연구소
펴낸이   주혜숙
펴낸곳   역사공간
           주소: 서울시 마포구 동교로19길 52-7 PS빌딩 4층
           전화: 02-725-8806
           팩스: 02-725-8801
           E-mail: jhs8807@hanmail.net
           등록: 2003년 7월 22일 제6-510호

ISBN 978-89-98205-07-2 03900

*잘못된 책은 바꿔 드립니다.

역사공간이 펴내는 '한국의 독립운동가들'

독립기념관은 독립운동사 대중화를 위해 향후 10년간 100명의 독립운동가를 선정하여,
그들의 삶과 자취를 조명하는 열전을 기획하고 있다.

001 근대화의 선각자 - 최광옥의 삶과 위대한 유산
002 대한제국군에서 한국광복군까지 - 황학수의 독립운동
003 대륙에 남긴 꿈 - 김원봉의 항일역정과 삶
004 중도의 길을 걸은 신민족주의자 - 안재홍의 생각과 삶
005 서간도 독립군의 개척자 - 이상룡의 독립정신
006 고종 황제의 마지막 특사 - 이준의 구국운동
007 민중과 함께 한 조선의 간디 - 조만식의 민족운동
008 봉오동·청산리 전투의 영웅 - 홍범도의 독립전쟁
009 유림 의병의 선도자 - 유인석
010 시베리아 한인민족운동의 대부 - 최재형
011 기독교 민족운동의 영원한 지도자 - 이승훈
012 자유를 위해 투쟁한 아나키스트 - 이회영
013 간도 민족독립운동의 지도자 - 김약연
014 대한민국 임시정부의 민족혁명가 - 윤기섭
015 서북을 호령한 여성독립운동가 - 조신성
016 독립운동 자금의 젖줄 - 안희제
017 3·1운동의 얼 - 유관순
018 대한민국임시정부의 안살림꾼 - 정정화
019 누구를 민족제단에 바친 의열투쟁가 - 강우규
020 미 대륙의 항일무장투쟁론자 - 박용만
021 영원한 대한민국임시정부의 요인 - 김철
022 혁신유림계의 독립운동을 주도한 선각자 - 김창숙
023 시대를 앞서간 민족혁명의 선각자 - 신규식
024 대한민국을 세운 독립운동가 - 이승만
025 한국광복군 총사령 - 지청천

026 독립협회를 창설한 개화·개혁의 선구자 - 서재필
027 만주 항일무장투쟁의 신화 - 김좌진
028 일왕을 겨눈 독립투사 - 이봉창
029 만주지역 통합운동의 주역 - 김동삼
030 소년운동을 민족운동으로 승화시킨 - 방정환
031 의열투쟁의 선구자 - 전명운
032 대종교와 대한민국임시정부 - 조완구
033 재미한인 독립운동의 표상 - 김호
034 천도교에서 민족지도자의 길을 간 - 손병희
035 계몽운동에서 무장투쟁까지의 선도자 - 양기탁
036 무궁화 사랑으로 삼천리를 수놓은 - 남궁억
037 대한 선비의 표상 - 최익현
038 희고 흰 저 천 길 물 속에 - 김도현
039 불멸의 민족혼 되살려 낸 역사가 - 박은식
040 독립과 민족해방의 철학사상가 - 김중건
041 실천적인 민족주의 역사가 - 장도빈
042 잊혀진 미주 한인사회의 대들보 - 이대위
043 독립군을 기르고 광복군을 조직한 군사전문가 - 조성환
044 우리말·우리역사 보급의 거목 - 이윤재
045 의열단·민족혁명당·조선의용대의 영혼 - 윤세주
046 한국의 독립운동을 도운 영국 언론인 - 배설
047 자유의 불꽃을 목숨으로 피운 - 윤봉길
048 한국 항일여성운동계의 대모 - 김마리아
049 극일에서 분단을 넘은 박애주의자 - 박열
050 영원한 자유인을 추구한 민족해방운동가 - 신채호

051 독립전쟁론의 선구자 광복회 총사령 - 박상진
052 민족의 독립과 통합에 바친 삶 - 김규식
053 '조선심'을 주창한 민족사학자 - 문일평
054 겨레의 시민사회운동가 - 이상재
055 한글에 빛을 밝힌 어문민족주의자 - 주시경
056 대한제국의 마지막 숨결 - 민영환
057 좌우의 벽을 뛰어넘은 독립운동가 - 신익희
058 임시정부와 흥사단을 이끈 독립운동계의 재상 - 차리석
059 대한민국임시정부의 초대 국무총리 - 이동휘
060 청렴결백한 대한민국 임시정부의 지킴이 - 이시영
061 자유독립을 위한 밀알 - 신석구
062 전인적인 독립운동가 - 한용운
063 만주 지역 민족통합을 이끈 지도자 - 정이형
064 민족과 국가를 위해 살다 간 지도자 - 김구
065 대한민국임시정부의 이론가 - 조소앙
066 타이완 항일 의열투쟁의 선봉 - 조명하
067 대륙에 용맹을 떨친 명장 - 김홍일
068 의열투쟁에 헌신한 독립운동가 - 나창헌
069 한국인보다 한국을 더 사랑한 미국인 - 헐버트
070 3·1운동과 임시정부 수립의 숨은 주역 - 현순
071 대한독립을 위해 하늘을 날았던 한국 최초의 여류비행사 - 권기옥
072 대한민국임시정부의 정신적 지주 - 이동녕
073 독립의군부의 지도자 - 임병찬
074 만주 무장투쟁의 맹장 - 김승학
075 독립전쟁에 일생을 바친 군인 - 김학규
076 시대를 뛰어넘은 평민 의병장 - 신돌석
077 남만주 최후의 독립군 사령관 - 양세봉
078 신대한 건설의 비전, 무실역행의 독립운동가 - 송종익
079 한국 독립운동의 혁명 영수 - 안창호
080 광야에 선 민족시인 - 이육사
081 살신성인의 길을 간 의열투쟁가 - 김지섭
082 새로운 하나된 한국을 꿈꾼 - 유일한
083 투탄과 자결, 의열투쟁의 화신 - 나석주
084 의열투쟁의 이론을 정립하고 실천한 - 류자명
085 신학문과 독립운동의 선구자 - 이상설
086 민중에게 다가간 독립운동가 - 이종일
087 의병전쟁의 선봉장 - 이강년
088 독립과 통일 의지로 일관한 신뢰의 지도자 - 여운형
089 항일변호사의 선봉 - 김병로
090 세대·이념·종교를 아우른 민중의 지도자 - 권동진
091 경술국치에 항거한 순국지사 - 황현
092 통일국가 수립을 위해 분투한 독립운동가 - 김순애
093 불법으로 나라를 구하고자 한 불교인 - 김법린
094 독립공군 육성에 헌신한 대한민국임시정부 군무 총장 - 노백린
095 불교계 독립운동의 지도자 - 백용성
096 재미한인 독립운동을 이끈 항일 언론인 - 백일규
097 재중국 한국인 아나키스트운동의 실천적 지도자 - 류기석
098 대한민국임시정부의 후원자 - 장제스
099 우리 말글을 목숨처럼 지킨 - 최현배
100 한국 독립과 동양평화의 사도 - 안중근